« Ça n'a rien à voir avec l'islam » ?

Du même auteur

Allah est grand, la République aussi, Lattès, 2014.
 # Je suis Marianne, Grasset, 2016.

Lydia Guirous

« Ça n'a rien à voir avec l'islam » ?

PLON
www.plon.fr

Ouvrage publié
sous la direction de Muriel Hees

12, avenue d'Italie
75013 Paris
Tél. : 01 44 16 09 00
Fax : 01 44 16 09 01
www.plon.fr

Mise en pages : Facompo (Lisieux)

ISBN : 978-2-259-25950-7

Dépôt légal : septembre 2017

À mon J, à celles que je n'oublie pas,
à celles et ceux qui viennent.

« Chaque génération, sans doute,
se croit vouée à refaire le monde.
La mienne sait pourtant
qu'elle ne le refera pas.
Mais sa tâche est peut-être plus grande.
Elle consiste à empêcher
que le monde se défasse. »

Albert Camus,
discours de réception
du prix Nobel de littérature,
Stockholm, le 10 décembre 1957.

Prologue

Ne nous leurrons pas, l'islamisme n'est pas une « déviance sectaire ». Ce n'est malheureusement rien d'autre que l'islam dans sa lecture violente et politique, un islam radicalisé qui prend sa source dans le Coran, et en est une partie intégrante. On ne peut l'isoler de la religion musulmane et faire semblant de croire qu'il concerne seulement des groupuscules fanatisés, des terroristes isolés, une secte en pleine dérive.

Nous sommes à un moment charnière de notre histoire. Il y a urgence et le « Ça n'a rien à voir avec l'islam ! » fréquemment entendu, déclamé, repris, ne suffit plus. Ayons enfin le courage de reconnaître que, oui, l'islamisme « a aussi à voir avec l'islam ». Désormais, l'heure n'est plus aux louvoiements, aux demi-mesures, ni à la victimisation. Être musulman n'est ni une immunité, ni une incapacité, ni un passe-droit. Assumons, enfin, la part de responsabilité des dérives de l'islam et d'une partie des musulmans de France.

« L'islam de France » est un échec sur lequel prospère l'islamisme en France. Ce dernier n'a pour objectif ni la foi individuelle, ni le repos de l'âme, mais la conquête du pouvoir. Hégémonique, son dessein est de s'imposer aux démocraties occidentales. Déjà, il se répand comme une gangrène. Hélas, personne ne semble déterminé à stopper sa progression pour préserver ce qu'il nous reste encore d'identité et d'humanisme.

Chaque jour, ici comme ailleurs, les intégristes donnent le ton de l'islam et imposent leurs normes aux musulmans. Une partie de ces derniers, inconscients du danger de cette idéologie, en viennent à s'enfermer dans des modes culturels en opposition profonde avec ceux des pays d'Occident où ils vivent. Pour une autre partie, l'affiliation à l'islam politique se révèle consciente et déterminée. Doit-on l'ignorer et se condamner au silence pour « ne pas stigmatiser » ?

Les islamistes nous méprisent et nous haïssent. Je ne peux pas l'écrire autrement : les euphémismes ne sont plus de mise. Ils souhaitent notre soumission, notre destruction, veulent imposer aux pays dans lesquels ils vivent comme à leurs habitants – musulmans ou non – leurs lois, leur mode de vie et leurs codes. Plus l'islam politique avance, plus la régression culturelle sur fond de religiosité exacerbée d'une partie des musulmans s'accélère. Dès lors, les positions sont devenues inflexibles.

Le communautarisme forcené – revendiqué avec arrogance et provocation par certains musulmans – est à l'origine de bien des victoires électorales du FN. Une réalité qu'il ne faut pas avoir peur de reconnaître. Les adeptes d'une religion qui se définit uniquement par ses interdits ne cèdent rien au « vivre ensemble », qu'ils réclament pourtant sans cesse afin de justifier leurs dérives.

Aussi, face à l'islamisme conquérant, le silence d'une partie des Français de confession musulmane – et plus largement des musulmans des démocraties modernes – ne doit plus tenir de règle. La peur ne doit pas bloquer l'action, car elle n'empêchera jamais le drame de se produire. Le journaliste assassiné Tahar Djaout le formulait lui-même quand il disait des islamistes faisant régner la terreur en Algérie et voulant empêcher les libres-penseurs de s'exprimer : « Si tu parles tu meurs, si tu te tais tu meurs, alors parle et meurs. »

Agir, parler, dénoncer, avancer des actions et des propositions concrètes, ce livre va le faire. Une mesure s'impose de manière urgente : procéder à une mise à jour, courageuse, sans détours, du Coran lui-même. Il faudra rompre avec une partie des règles du passé pour faire pleinement entrer cette religion dans le XXIe siècle. Un islam respectueux de la République et de la France, compatible avec une vie en Occident. Un « islam des Lumières » que feu Malek Chebel appelait de ses vœux depuis des décennies et qui, hélas, n'a pas encore vu le jour.

Le silence ne doit plus être un refuge tant il est désormais perçu comme un soutien à l'islam des salafistes et des Frères musulmans.

Il est venu le temps de procéder à une autocritique des comportements individuels et collectifs.

Il est venu le moment d'admettre que personne n'est victime de tout et responsable de rien.

Il est urgent de réaliser que la volonté de scission religieuse et culturelle d'une partie des musulmans fait de la France une poudrière.

Aussi, soyons aux côtés de la France, notre pays. Protégeons la République, notre avenir. Faire barrage à l'aliénante *oumma*[1], s'assimiler, être farouchement républicains et irrémédiablement français, voilà le chemin à prendre. Soyons la résistance à la peste verte et à son cortège de fous et de sournois venus du tréfonds de l'inhumanité et de la barbarie. Chassons, enfin, l'infâme.

---

1. Le terme *oumma* désigne la communauté des croyants censée transcender les frontières nationales. C'est une nation islamique internationale qui se place au-delà des pays, des différences ethniques, et exige une solidarité religieuse.

Première partie

L'islam est critiquable

1

Nous avons le droit de critiquer l'islam

Les terroristes assassinent les « mécréants », les Occidentaux, les musulmans « modérés », les « kouffars ». Des attentats de Saint-Michel à la décennie noire en Algérie, de ceux contre le World Trade Center du 11 septembre 2001 à New York à ceux du métro de Londres, de Madrid, de Bruxelles, de *Charlie Hebdo* à l'Hyper Cacher, de Saint-Quentin-Fallavier à Nice, de Magnanville à Saint-Étienne-du-Rouvray jusqu'aux récents crimes de la capitale britannique, les réactions à ces exactions immondes sont toujours les mêmes : « Ça n'a rien à voir avec l'islam », « Ce n'est pas ça l'islam », « L'islam n'est que paix et tolérance ». Ces phrases se répètent en boucle depuis plusieurs décennies, mais aujourd'hui elles ne sont plus très convaincantes.

L'islam politique n'est pas sans lien avec l'islam, tant celui-ci porte en lui les germes de cette idéologie destructrice et hégémonique. À l'écriture de cette phrase je devine les risques auxquels je m'expose, à nouveau, pourtant mon constat est clair et limpide, et il est un premier pas vers le remède à ce mal qui affecte une partie de l'islam.

Hier, je ne connaissais que des musulmans dits « modérés », ouverts d'esprit, amoureux de la liberté, en quête de démocratie et de progrès, y compris pour leurs filles. Aujourd'hui, je peine parfois à les trouver, notamment dans ma génération. Les troisième et quatrième générations issues de l'immigration semblent entrées en résistance avec la République. Elles se complaisent dans un rejet de notre communauté nationale et se vautrent dans la posture si lâche de l'éternel opprimé. À croire qu'elles se rêvent en « damnées de la terre 2.0 ».

Aujourd'hui, au pays de Voltaire, la liberté d'expression en vient, sur ces sujets, à être bordée par ce que les islamistes nous autorisent ou non à penser, à mentionner. Je m'inquiète de cette évolution et de l'interdiction d'exercer le moindre esprit critique lorsqu'il s'agit de l'islam. La religion musulmane étant sacrée, il serait interdit de l'évoquer sous peine de s'exposer à une fatwa, à une haine virale, à un harcèlement sur les réseaux sociaux ou à de la violence physique ? Quelle terrible dérive. Le devoir des Français de confession musulmane est, au contraire, de parler, débattre, entreprendre un travail critique, sain, de l'islam et des comportements de certains musulmans en ce début de XXIe siècle.

Doit-on accepter que l'« islam politique » glorifie les « savoirs » de barbus au passé trouble, souvent imams autoproclamés, partisans d'une radicalisation toujours plus forte, hommes qui égrènent les interdits comme un enfant récite l'alphabet, toujours à contre-courant de l'Histoire et du progrès ? Non. L'islam politique n'est pas en quête de liberté, mais recherche le pouvoir pour enfermer, soumettre et asservir l'autre. Les règles « divines » qu'il prône sont une succession de contraintes et d'entraves à une vie sereine et épanouie – nourriture, mode, musique, sport, sexualité, éducation des enfants, hygiène, divorce, santé. Une balade sur les forums de discussion communautaires donne un aperçu des interrogations – souvent ridicules – posées, et démontre l'attachement grandissant à une religion qui devient plus réglementaire que spirituelle. On y lit des choses aberrantes : l'épilation des sourcils favoriserait le cancer, les Tampax feraient perdre la virginité, l'exposition au soleil des petites filles provoquerait une puberté précoce, le parfum générerait des maladies de peau, boire de l'eau salée en citant des versets du Coran éloignerait la dépression…

Force est de constater que l'interdit devient l'alpha et l'oméga de pratiquants crédules désireux de suivre à la lettre ces recommandations absconses qu'ils croient sacrées, incapables de faire un pas, de prendre une décision sans consulter ces forums ou en rendre compte à un imam se prétendant « sage ». Or ces règles – toute personne sensée le sait – vont à rebours de la science, du bon sens, et sont en opposition avec notre époque. « Allah a dit… », « Le Prophète a dit » : qu'importe si cela est invérifiable, dénué de sens, et incompatible avec les droits fondamentaux de notre pays. L'islamisme crée une hiérarchie des normes entre les lois de « Dieu » et celles de la République. Il met en place un rapport de force et compte sur le laxisme de l'Occident pour gagner son bras de fer. La haine de la civilisation occidentale, de son esprit, de ses valeurs, est le moteur des islamistes.

Pourquoi une partie des musulmans d'Occident ne saisissent-ils pas l'opportunité d'émancipation qu'offrent les pays occidentaux ? Pourquoi, alors que le monde occidental a plus d'égards et de considération pour les musulmans que les pays musulmans eux-mêmes, chez nous, le repli communautaire s'accentue-t-il ? Pourquoi la radicalisation religieuse s'accélère-t-elle et pourquoi la célébration de la culture d'origine se voit-elle portée comme un étendard ? Pourquoi attentat après attentat, aucune indignation sincère ne semble se lever, aucune colère profonde, aucun rejet déterminé de l'islamisme, qui est la première étape vers le djihadisme ?

L'invisibilité de la « majorité silencieuse » des musulmans ne passe plus. Et, pire encore que le silence, les revendications se multiplient, et certains profitent de ces moments de remise en question et d'émotion collective pour grappiller, en versant dans la victimisation, des droits différents. Ainsi en est-il de l'accès dérogatoire aux concours des grandes écoles ou de la fonction publique, l'obtention d'aides pour édifier des lieux de culte en présentant la construction de mosquées comme le remède à la radicalisation…

Entendre l'imam de la mosquée Attaqwa à Nice, Abdelkader Sadouni, déclarer au journal italien *Il Giornale*[1], au lendemain des attentats de la Promenade des Anglais ayant fait 86 morts dont des enfants, « S'il y a des attentats, c'est la faute de la laïcité des Français » est aussi faux qu'intolérable. Comprenons bien ce propos : selon lui, la France doit renoncer à la laïcité pour éviter les attaques. Et il ajoute : « Les politiciens doivent dialoguer avec les musulmans, car s'ils refusent, il n'y aura plus moyen d'arrêter les violences. » Comment affirmer cela alors que les gouvernements passent leur temps à dialoguer avec « les musulmans », alors que des mosquées se construisent, alors que pas un jour ne s'écoule sans qu'un sujet sur « les musulmans » fasse l'objet d'un article ou d'un reportage… On le voit, la logorrhée victimaire et culpabilisante intervient sans cesse, car ce n'est pas cela que l'imam entend dans le terme « dialogue »… Pour lui, « dialoguer » veut dire accepter tout ce que les musulmans les plus radicaux

1. Édition du 19 juillet 2016.

exigent, car sinon – la menace est à peine voilée – des violences surgiront. Il précise même : « La laïcité d'aujourd'hui est un extrémisme qui tente d'éradiquer toutes les religions. Les chrétiens se sont adaptés, les musulmans refuseront, car ce serait une injustice. » Le dialogue se révèle donc à sens unique et les concessions aussi. Quant au triptyque cher aux islamistes inversion des responsabilités/chantage-menace/refus de toute concession, il est évidemment à l'œuvre dans cette conception. Sans surprise, l'imam de Nice niera avoir tenu ces propos, lesquels seraient une « invention » du journaliste italien les ayant rapportés[1]...

---

1. Abdelkader Sadouni, suite à la polémique, sur invitation du préfet des Alpes-Maritimes, contestera avoir tenu ces propos dans une communiqué publié sur sa page Facebook, le 22 juillet 2016. Il a par ailleurs porté plainte contre le journal italien et l'auteur de l'article, la procédure est en cours.

2

Clarifier le Coran

L'islam politique a le temps, la détermination et la force du nombre. Il sait où réside le talon d'Achille de l'Occident : dans sa culpabilité judéo-chrétienne, dans les remords sur son passé colonial et dans ses doutes sur l'affirmation de son identité comme de ses valeurs. C'est sur ces points qu'il appuie sans cesse pour le faire plier.

Le discours qui consiste à dire « Ça n'a rien à voir avec l'islam » est donc inaudible et de moins en moins crédible. Les attentats n'ont rien à voir avec l'ensemble des Français musulmans, c'est vrai. En revanche, lorsqu'on tue au nom d'Allah, cela *a* un rapport avec l'islam. Lorsque l'on vocifère de la haine contre les « mécréants » (c'est-à-dire les juifs et les chrétiens dans l'esprit de ceux qui professent l'islam politique), cela *a* un rapport avec l'islam. Loin de moi l'idée de faire de tous les musulmans des islamistes radicaux ou des terroristes, mais il est plus que temps d'ouvrir les yeux des tenants et adeptes du « Ça n'a rien à voir avec l'islam », expression dont la répétition automatique après chaque attentat est exaspérante, scandaleuse et mensongère.

Les islamistes tuent au nom d'Allah, en s'appuyant sur la partie violente du texte sacré. Bien sûr, en lisant le Coran, on trouve des sourates vantant la paix et l'amour : « Celui qui sauve un seul homme sauve tous les hommes » (V. 32 « La table servie »), « Invoquez votre Seigneur en toute humilité et recueillement et avec discrétion » (VII. 55 « Al-Araf »), « Nulle contrainte en religion » (II. 256 « La vache »). Mais, malheureusement, ceux qui tuent aux noms de l'islam et de « Dieu » s'appuient également sur des passages du livre pour légitimer leurs crimes : « Anéantir les mécréants jusqu'au dernier » (VIII. 7 « Le butin »), « Je vais jeter l'effroi dans le cœur des mécréants. Frappez donc au-dessus du cou et frappez-les sur tous les bouts des doigts » (VIII. 12 « Le butin »), « Admonestez celles dont vous craignez l'infidélité, reléguez-les dans des chambres à part et frappez-les » (IV. 34 « Les femmes »).

Voilà qui impose de réformer ce texte sacré afin d'en supprimer les passages qui pourraient porter à confusion et être interprétés comme des appels à la violence, aux meurtres, à la haine de l'autre. Ce travail sera difficile, nécessitera une véritable révolution culturelle, mais il est indispensable et même urgent si l'on veut sauver ce qui peut l'être de la dignité de cette religion, dont les dérives, depuis des décennies, sont à l'origine de tant de malheurs dans le monde.

Je comprends que l'on puisse avoir honte de la dénaturation de la religion musulmane faite par les islamistes, mais je ne peux accepter le mensonge. Ce n'est pas en niant les évidences que l'on protège les Français de confession musulmane des amalgames et dérives. Il faut se rendre à l'évidence : l'islam intègre l'islam politique, le salafisme et le djihadisme. Si ces trois derniers sont encore limités en Occident, leur influence augmente rapidement. On ne peut donc plus persister à faire comme si rien ne se passait, comme si aucun musulman ne radicalisait sa pratique.

Fermer les yeux serait le pire service à nous rendre. Finalement, il ancrerait dans les esprits occidentaux ayant accueilli des populations de confession musulmane l'idée selon laquelle : « Vous voyez ils ne dénoncent pas, ils sont tous pareils. »

La distinction entre islam et islamisme est de plus en plus ténue… et nous le savons… car les textes sacrés contiennent les germes de ce dogme mortifère. Il nous faut clairement réagir, clairement manifester notre attachement aux droits de l'homme et à la liberté, le tout en cessant de nous cacher et de nous complaire dans un silence aussi troublant que destructeur. La crédibilité des musulmans modernes passera par leur capacité à se réapproprier cette religion, par leur aptitude à imposer une réforme profonde et sérieuse de celle-ci. L'islam ne peut être la seule foi figée dans le passé.

3

Être musulman n'est pas une origine…

La France est ma nation, une grande nation qui s'incarne dans la République, une et indivisible. Aussi je ne reconnais pas de communauté. Je ne m'adresse pas aux personnes en fonction de leur religion – réelle ou supposée –, de leurs origines ethniques, de leur classe sociale ou de leurs orientations sexuelles. La seule communauté que je reconnais est la communauté nationale, celle qui nous rassemble et nous offre un avenir commun. Tous nos efforts doivent donc contribuer à construire une France plus belle et plus forte. La nation est une équipe, une famille, dans lesquelles il faut de la confiance, de la cohésion, pour lesquelles des efforts réciproques sont indispensables. À ce sujet, je crois précisément que la France a fait beaucoup d'efforts pour les musulmans, et notamment ces dernières années avec la construction de plus de 1 000 mosquées en quinze ans. Alors, aujourd'hui, presque en retour serais-je tentée d'écrire, les musulmans doivent œuvrer pour la France et uniquement pour elle.

La dérive communautaire dans laquelle tente de nous faire verser l'islam des intégristes est une ornière. Pire, notre tombeau. Elle vise à isoler définitivement les musulmans de la France et des Français, et cela je ne peux l'accepter. C'est d'ailleurs le concept même de « communauté musulmane » qui génère les difficultés d'assimilation. Si certains cessaient de se considérer en « musulmans d'abord », ils seraient moins marginalisés. Français comme les autres, ils réussiraient plus aisément l'assimilation au pacte républicain, comme y sont parvenus avant eux les Italiens, les Portugais et bien d'autres.

Si je suis attachée à mes origines kabyles, ce n'est pas lié à la religion. À vrai dire, à mes yeux elle est même secondaire. Mon identité ne se résume pas à ma foi. L'identité, d'ailleurs, ne se subit pas, elle n'est pas uniquement héritée du passé, elle se construit par ses choix et aspirations. Sans rompre avec le passé, elle peut être porteuse d'avenir. La culture ne se résume pas, non plus, à la religion, elle est une partie de celle-ci. Je suis par exemple toujours stupéfaite quand on me dit : « Tu renies tes origines musulmanes. » Mais la religion n'est pas une origine ! Ces moralisateurs considèreraient-ils que la « Musulmanie » existe ? Peut-être, pour eux, ce pays fantasmé est-il l'autre nom de l'*oumma*, une communauté islamique supranationale existant au-delà des jeux de pouvoir locaux et de l'histoire de chaque pays, qui reconnaît tous les musulmans comme les siens et veut imposer arbitrairement un lien de solidarité, lequel n'est, en réalité, qu'une injonction au silence face aux dérives islamistes ?

4

L'*oumma* ou la réappropriation des musulmans d'Occident

L'*oumma* a pour objectif de servir l'expansion de l'ère islamiste. Ce rassemblement, qui fait fi des différences ethniques, vise à enrôler et rassembler des personnes susceptibles d'être mobilisées pour déstabiliser les pays où elles vivent. Cette union de façade des musulmans nie les crispations identitaires qui existent en son sein mais fédère contre un adversaire, l'autre, la France, l'Occident.

L'*oumma* est bel et bien une aliénation identitaire. La preuve, ceux qui la refusent sont rappelés à l'ordre, culpabilisés, menacés. Je le subis moi-même chaque jour sur les réseaux sociaux lorsque j'émets la moindre critique envers les attaques des islamistes. « Traître », « tu craches sur ta communauté », « tu craches sur tes origines musulmanes », « tu craches sur l'islam » sont les insultes les plus répandues. Et je passe les menaces de mort et de viol, la justice s'en occupe.

Au-delà du problème salivaire des auteurs de ces insultes, c'est la volonté de faire taire les voix courageuses des musulmans laïcs et démocrates qui frappe. Dans leur esprit totalitaire, aucun cerveau ne doit penser, aucune voix discordante ne doit s'exprimer, et ceux qui entravent ce projet politique doivent être étouffés. De quoi démontrer, encore une fois, le caractère totalitaire intrinsèque de cette entreprise islamo-communautariste.

Cette communauté religieuse transnationale est un agrégat d'hypocrites, toujours prêts à montrer la paille du racisme dans l'œil de la France sans voir la poutre de la xénophobie dans le leur. Écrivons les choses sans détour : il existe un racisme profond, terrifiant, chez certains Maghrébins, souvent hérité de la culture de leurs pays d'origine, où la personne noire est rejetée (il n'y a qu'à voir comment les Africains de l'Afrique subsaharienne sont pourchassés en Algérie, au Maroc ou en Tunisie, souvent directement renvoyés aux frontières... qui sont le désert du Sahara !). D'ailleurs, les unions interethniques sont rares dans ces pays.

En France, dans les quartiers, le racisme s'exprime sans complexe et dans une totale impunité : à l'encontre des juifs, qualifiés de « sales feujs », mais aussi contre les « sales Français », « les faces de nems » (les Asiatiques) ou les « pak pak » (pour les Pakistanais). Le monopole des « victimes du racisme » serait-il détenu par seulement certaines communautés ? En tout cas, les associations antiracistes refusent d'évoquer le racisme décomplexé des « potes »…

Quant au racisme entre « minorités » musulmanes elles-mêmes, fort développé, il existe et s'illustre parfaitement dans les demandes de lieux de culte. Fréquemment, sur le terrain, les Turcs ne souhaitent pas prier avec les Maghrébins, qui ne veulent pas prier avec les Maliens, qui ne désirent pas prier avec les Comoriens, etc.

Je ne reconnais pas l'*oumma*, je refuse son aliénation et je rejette la privation de liberté qu'elle sous-tend. Ma communauté est la République française. Aujourd'hui, je suis convaincue que les Français de confession musulmane ne parviendront pas à s'assimiler véritablement tant qu'ils ne rompront pas avec cette idée de « communauté » et avec le nationalisme exacerbé qu'ils entretiennent… pour leur pays d'origine.

Une honte et une révolte profonde face à la bêtise provocatrice que cette attitude incarne me saisissent chaque fois que je vois des drapeaux algériens, marocains, tunisiens sortis pour n'importe quelle occasion. Pourquoi exhiber un drapeau étranger lors d'un mariage, d'un match de foot – dont l'équipe en question n'est même pas engagée – ou d'élections nationales ? Pourquoi se rendre à l'école ou au travail vêtu de tee-shirt arborant les couleurs d'un drapeau étranger sur la poitrine ? Pourquoi ces provocations ? Pourquoi souligner son « étrangéité » de cette manière ?

Je n'ose en tout cas imaginer les réactions des mêmes personnes si des expatriés agitaient le drapeau tricolore dans les rues d'Alger ou d'Istanbul le soir d'une élection présidentielle... Parfois il est utile, n'est-ce pas, d'inverser les situations pour – j'ose l'espérer – faire comprendre les messages que ces attitudes déplacées véhiculent. Bien sûr, ces agissements concernent une minorité, je le sais, mais celle-ci me semble bien trop visible, trop agitée. Par ses outrances, elle humilie, donne aux autres l'impression que tous les musulmans se conduisent ainsi et défendent d'abord leur pays d'origine (où la plupart ne sont pas nés, voire n'ont jamais mis les pieds), et réduit à néant les efforts des plus nombreux, qui ont choisi de faire de la France leur pays.

Bien sûr, je comprends l'attachement cher et nécessaire aux origines, tant un être sans racines se construit difficilement. Un peu comme une maison, chacun a besoin de fondations. Mais mes « origines » ne se réduisent pas à ma religion. Le culte de la « culture d'origine », ou de la « double culture », me paraît relever de l'impasse qui empêche la pleine intégration lorsqu'il est poussé trop loin. Il tiraille l'individu entre un passé rassurant avec un pays d'origine idéalisé et un avenir qui, lui, semble forcément difficile puisque tout est à bâtir. À mon sens, les « origines » ne doivent pas prendre le dessus sur la culture du pays où l'on vit, mais se cantonner à la sphère privée. Les racines d'un homme prennent corps dans une terre, certes, mais les Français d'origine italienne, espagnole, portugaise, lorsqu'ils évoquent leurs origines, parlent du pays lui-même, de sa gastronomie, de ses auteurs, de ses poètes, de ses chants, de son folklore, rarement de leur religion.

J'aime lire Mouloud Feraoun, j'aime écouter Idir, j'aime plonger dans les souvenirs de mes longues promenades à travers les sentiers de ma montagne, je ne peux pas me passer d'huile d'olive de Kabylie et je suis incapable de résister devant un beignet au miel. Mon aïeul Jean Amrouche, journaliste et essayiste français, écrivait : « Je pense et j'écris en français mais je pleure en kabyle. » Cette phrase traduit bien la séparation indispensable entre la sphère publique – qui est celle de la réflexion et de la raison – et la sphère de l'intimité, à laquelle on réserve ses émotions profondes, ses blessures même.

Ceux qui évoquent en permanence la religion pour marquer leur différence oublient que celle-ci, en fait, gomme leur diversité. Un piège dans lequel beaucoup sont tombés. En faisant de la religion une « origine », en remplaçant l'ethnique par le religieux, nous gommons la richesse de nos cultures et tirons un trait sur la variété des héritages transmis. N'entrons pas dans la nasse posée par ceux qui veulent prétendre qu'un Marocain des Aurès, un Algérien de Constantine et un Turc d'Ankara ont exactement la même culture – et je n'évoque même pas le cas des Berbères. La religion n'est pas un élément suffisant pour constituer une nation. Elle ne prend pas le dessus sur l'histoire politique, les référents culturels, artistiques, les traditions. Même les recettes de cuisine n'ont rien à voir ! Je ne me sens aucun point commun avec un Turc ou un Égyptien. Or cette pluralité des cultures est, aux yeux des islamistes, une aspérité infectée de régionalismes et de particularismes, une entrave à l'instauration du califat hégémonique qu'ils rêvent d'édifier.

Je préfère l'époque où, respectueux de la France, vêtus à la française, nous évoquions avec nostalgie les souvenirs de nos pays d'origine. Des souvenirs partagés, respectueux et distanciés car nous gardions à l'esprit que notre pays était dorénavant la France, et que c'était dans sa terre que nos racines devaient s'ancrer, se mélanger. Il s'agissait de diversité au sein « de la diversité ».

Les islamistes, eux, tentent de faire des Français de confession musulmane des objets dévoués et voués à servir une religion politisée et conquérante. Refusons cette dérive, fermement et définitivement ! Ouvrons, enfin, les yeux !

Les Français de confession musulmane républicains doivent accepter – et transmettre – une hiérarchisation claire et définitive entre citoyenneté et croyance, la primauté devant être donnée à la première. La foi est secondaire, et surtout personnelle dans nos démocraties occidentales.

De celles-ci, les islamistes sont les métastases. Si rien n'est mis en place pour les contrer, le cancer se généralisera à tous les pans de la société. Or nous ne sommes plus très loin de cet état de non-retour. Par les prières de rue, les provocations vestimentaires, le sentiment d'impunité, les démonstrations de force, la privatisation de certains territoires devenus de petites enclaves intégristes, ils discréditent et caricaturent l'ensemble des musulmans aux yeux de l'opinion publique occidentale. Ils s'implantent partout pour diffuser, de l'intérieur, les germes de notre destruction : école, lieux de pouvoirs et d'influence, Francc d'en haut et France d'en bas. Aujourd'hui, même les forces de l'ordre et l'armée[1] ne sont pas épargnées par la radicalisation…

1. Rapport de la Direction de la sécurité de proximité de l'agglomération parisienne (DSPAP, 9 décembre 2015). Jean-Jacques Urvoas, garde des Sceaux, évoque la radicalisation dans les rangs des forces de l'ordre : « Aucune partie du corps social » n'est « à l'écart » de ce processus (police, gendarmerie, armée, pénitentiaire), *Le Parisien*, 11 janvier 2017.

5

Les islamistes installent un apartheid ethnico-religieux

La pression sociale, la culpabilisation et la peur finissent par imposer des normes rigoristes à une part croissante de musulmans qui, jusqu'ici, vivaient leur religion sans ostentation. Cet exhibitionnisme islamique, dont le dessein est la réappropriation des musulmans d'Occident par l'islam politique, se transforme en pression constante visant à peser sur tous et à éviter que quiconque n'échappe à leur vision de la religion… Dès lors, les « modérés » sont montrés du doigt pour leur manque de religiosité, leur « trahison » à la « communauté » et leur soumission à une nation qui serait raciste et malveillante avec sa composante musulmane. Une partie de ces derniers, craignant une mise au ban de la « communauté », finissent par adopter des comportements et des habitudes qui, jusque-là, leur étaient totalement étrangers.

La jeunesse, cible prioritaire des islamistes, ne doit pas échapper à l'*oumma*. Elle ne doit surtout pas se fondre dans la culture occidentale. Les plus jeunes étant particulièrement sensibles à la mode et aux phénomènes de groupe, les tenues islamiques sont l'un des outils de cette réappropriation. En diffusant une « mode » alternative et culturo-religieuse, les islamistes parviennent à créer des éléments forts de cohésion et d'identification. Qu'importe si ces attributs, si ces vêtements représentent une régression pour les femmes et une aliénation pour les hommes. Qu'importe si ces habits soutiennent une vision totalitaire et transforment leurs adeptes en agents provocateurs, en vecteurs de division au sein de notre société. D'aucuns les endossent en ne percevant pas les symboles d'asservissement qu'ils incarnent, certains en l'assumant, et tous, d'une certaine manière, en se singularisant ouvertement s'éloignent, s'extraient même de la société. À leurs risques et périls ; à nos risques et périls.

Les islamistes initient et installent en outre un apartheid religieux et ethnique dans de nombreuses zones de France… Par une occupation systématique, visible, violente (physiquement, psychologiquement, verbalement, symboliquement), ils ont rendu impossible toute cohabitation avec ceux qui ne partagent pas leur vision de l'islam, de la femme, qui réfutent leur mode de vie. Cette réappropriation a pour objectif de renforcer le sentiment d'appartenance à une « communauté » supposément maltraitée par la République.

Et l'opération fonctionne. Fréquemment, lorsqu'une famille islamiste militante s'installe dans un immeuble, elle fait du prosélytisme et finit par transformer la vie de l'immeuble et du quartier. Par son activisme, son « exemplarité religieuse » et la pression morale culpabilisante qu'elle véhicule, elle influence et transforme le comportement des autres familles, lesquelles finissent par accentuer leur propre pratique afin de ne pas passer pour « mécréantes ». Quant à celles et ceux qui refusent, très vite ils n'ont pas d'autre choix que le départ. Seulement, très peu ont les moyens de changer de quartier. Une majorité se voit donc condamnée à subir, supporter et se taire.

Dans ces « territoires occupés », il ne fait pas bon d'être « blanc », asiatique, catholique, juif et même… musulman modéré. La conversion ostensible devient une sorte de passeport permettant de circuler librement et de vivre sereinement. Je me souviens de deux sœurs, au collège où j'étais adolescente, qui rêvaient de devenir musulmanes. Pourquoi ? Parce que « c'est trop bien d'être arabe ». En fait, elles voulaient « s'intégrer », « être respectées ». Leur frère caressait le même rêve, dans l'espoir d'avoir – enfin – une petite amie… D'où venait ce désir surprenant chez ces jeunes ? Ils vivaient dans un quartier majoritairement musulman et en avaient assez d'être différents, minoritaires, et pensaient parvenir ainsi à voir leur quotidien changer.

Drôle de rêve. Drôle d'époque aussi. Cela se passe dans certaines familles non musulmanes vivant dans les quartiers communautarisés. Oui, c'est bien une intégration à l'envers qui a lieu. « Les Français » doivent désormais s'adapter aux us et coutumes importés du Maghreb et de Turquie pour prétendre à une vie sociale et s'intégrer.

La République n'a pas été assez forte, ni assez ferme. Elle s'est trop souvent excusée d'exister, a trop souvent reculé et fermé les yeux face à l'intolérable. Cet apartheid n'est pas le fruit d'une politique de la ville qui aurait manqué de moyens puisque des milliards ont été déversés dans ces puits sans fond que sont devenues « les banlieues ». Des milliards qui, hélas, ont souvent nourri nos ennemis à travers de nombreuses subventions déversées sans contrôle. Mais gardons espoir : en affichant une autorité sans faille, l'impunité dans laquelle vivent les caïds et les talibans des cités prendra fin. Les mentalités doivent évoluer, la peur changer de camp. La France doit se faire – enfin – respecter.

Deuxième partie

Le ver de l'islam politique

6

Une idéologie totalitaire

De simples pratiquants, les intégristes ont fait de certains musulmans des « esclaves religieux », des militants, des soldats. Leur méthode ? Une sorte de lavage de cerveau perfide passant par une redoutable stratégie d'aliénation liée à la notion d'*oumma*. En faisant renaître dans les cœurs le vieux fantasme d'une communauté musulmane mondiale, c'est une autre vision du monde et de la foi qu'ils distillent et infusent dans les esprits des âmes faibles. La profession de foi de la Société des Frères musulmans, fondée en 1928 par Hassan al-Banna, est éloquente à cet égard : « Je crois que tout est sous l'ordre de Dieu, que Mohammad est le sceau de toute prophétie adressée à tous les hommes [...] que le Coran est le Livre de Dieu, que l'islam est une Loi complète pour diriger cette vie et l'autre [...]. » Il n'y a donc pas de séparation entre le pouvoir spirituel et temporel, pas d'autre voie que celle de l'islam, pas d'autres législations que la charia, et aucune tolérance pour les autres croyances.

Dans son ouvrage *Épîtres aux jeunes*, Hassan al-Banna définit l'islam politique et globalisant en ces termes : « Une organisation complète qui englobe tous les aspects de la vie. C'est à la fois un État et une nation, ou encore un gouvernement et une communauté. C'est également une morale et une force, ou encore le pardon et la justice. C'est également une culture et une juridiction, ou encore une science et une magistrature. C'est également une matière et une ressource, ou encore un gain et une richesse. C'est également une lutte dans la voie d'Allah et un appel, ou encore une armée et une pensée. C'est enfin une croyance sincère et une saine adoration. L'islam, c'est tout cela de la même façon. »

L'islamisme n'est donc rien d'autre qu'un projet totalitaire que certains aveugles (volontaires) refusent de voir comme tel. Une attitude dangereuse, car lorsqu'on nie un mal déjà présent, il finit par s'imposer à vous. C'est le cas des maladies que l'on ne traite pas assez tôt. Ce fut celui du nazisme, dont quelques dirigeants de l'époque refusèrent de voir la montée en puissance, croyant pouvoir éviter une nouvelle guerre mondiale.

Pourtant les similitudes entre islamisme et nazisme sont effrayantes. Beaucoup refusent de le comprendre, de le voir, mais elles existent :

— le culte de la « pureté »

— la propagande

— l'anéantissement de la culture non autorisée
— les autodafés
— la violence
— l'embrigadement de la jeunesse
— le projet génocidaire
— la liquidation de l'opposition politique.

L'islamisme substitue à la « pureté de la race » « la pureté de la religion ». Si sa quête n'est pas celle d'une ethnie « aryenne », elle vise à créer et façonner un musulman fidèle à l'islam « des compagnons du Prophète », un « musulman pur », « de souche ». Cette ambition - cette stratégie - facilite d'ailleurs son expansion démographique, comme son recrutement, tout en maintenant l'essence totalitaire de sa doctrine. Souvent, ses membres se réfèrent à un âge d'or de l'islam qu'ils entendent faire revivre, comme les nazis se rattachaient au mythe des origines aryennes ou à une Rome antique ayant dominé une grande partie du monde. Les islamistes promettent en outre à leurs recrues de « devenir des martyrs », d'être des héros récompensés au paradis « par 72 vierges », de vivre dans la « vérité de l'islam des origines »... autant de messages fanatiques dignes des exhibitions nationalistes de l'entre-deux-guerres où l'on vantait avec force matraquages des esprits les références aux chevaliers germaniques... Enfin, ils voient le monde de manière binaire, avec d'un côté les êtres supérieurs qui « savent » et, de l'autre, les « ignorants » qui vivraient dans « l'erreur », le « péché », le « matérialisme » et la « superficialité », endoctrinement pas si éloigné, dans l'intention, de nombre de discours des dignitaires du IIIe Reich et de leur politique différenciant les populations en « races », pour certaines plus nobles que les autres. Quant à l'aversion et au racisme envers les juifs, ils leur sont communs.

Pour retrouver cet « âge d'or », les islamistes sont prêts à tuer, éliminer, à imposer des conditions de vie inacceptables, à réduire en esclavage ceux qui ne sont pas des « frères » et des « sœurs », à savoir les chrétiens, les juifs, les musulmans qui vivent à l'occidentale comme des « mécréants ». C'est ce que fait Daech, auprès des minorités du Moyen-Orient qu'il asservit. En faisant disparaître ceux qui sont différents, en visant les Yézidis – qu'ils considèrent comme des idolâtres et exécutent –, en ciblant les chrétiens d'Orient – assassinés, chassés de leur territoire ou mis en demeure de se convertir à l'islam –, l'État islamique atteste dans le sang et l'effroi le projet génocidaire des islamistes. Car il s'agit bel et bien là, me semble-t-il, d'un génocide conforme à la définition donnée par la Convention pour la prévention et la répression de ce crime en 1948. Le sort des chrétiens d'Orient et des Yézidis doit démontrer aux dubitatifs – les idiots utiles comme les optimistes aveugles – que les islamistes, lorsqu'ils progressent, mettent réellement en pratique leur volonté d'épuration religieuse.

Faut-il poursuivre le parallèle avec les crimes et doctrines nazis ? Allons-y.

Comme les nazis pillaient les musées (à leur profit personnel) et éradiquaient des villes, voulant même faire exploser les monuments phares de Paris, les islamistes détruisent les patrimoines pour effacer toutes les traces du génie de l'homme et la mémoire des civilisations, surtout si celles-ci sont antérieures au Prophète. On l'a vu lorsque ont été saccagées les œuvres préislamiques conservées au musée de Mossoul, quand les djihadistes de Daech ont massacré et rasé une partie de Palmyre en Syrie, lorsque les membres d'AQMI ont pillé et dévasté les anciens tombeaux de Tombouctou. Pour eux, la beauté ne peut venir que de Dieu et par Dieu, la transcendance n'existe que par la piété. Or, l'homme, grâce à son génie, apporte un autre accès à la transcendance à travers l'art ou la musique. Dès lors, ces œuvres constituent une « concurrence » qu'il faut faire disparaître par tous les moyens. Ne sent-on pas dans ce goût des ruines, cette soif d'anéantissement, comme un air glacial de « déjà-vu » ?

La ressemblance avec le nazisme se manifeste aussi dans l'usage et l'abus de propagande éhontée, cette méthode que le IIIe Reich avait portée aux nues pour abrutir les masses. L'État islamique est très performant en la matière. C'est une communication tragiquement rodée qui permet son expansion et le maintien de ses affidés au sein de son idéologie nauséabonde. Les islamistes recrutent, attisent la haine contre l'Occident, endoctrinent et organisent nos ennemis de l'intérieur en recourant à tous les outils modernes de communication, multipliant notamment les vidéos mensongères, les sites violents, les films avec mises en scène d'exécutions d'otages macabres, les documentaires aguicheurs fallacieux. De quoi attirer, embrigader, guider et piloter leurs fidèles, développer auprès des jeunes une vision rigoriste, politique et violente de la religion. Un article du magazine de propagande de l'État islamique *Dabiq*, datant d'août 2016, détaille ainsi les raisons pour lesquelles ils nous haïssent :

« Nous vous haïssons, avant tout, parce que vous êtes des mécréants ; vous rejetez l'unicité d'Allah – que vous en ayez conscience ou non »,

« Nous vous haïssons parce que vous êtes laïcs »,

« Vous accordez l'autorité suprême sur vos caprices et vos désirs, avec des législateurs que vous mettez au pouvoir par vos votes »,

« Nous vous haïssons parce que vous êtes athées »,

« Nous vous haïssons parce que vous envahissez nos terres ».

Voilà qui exprime de manière fort claire leurs rejet et dégoût de nous – nous qui sommes libres de croire ou non, libres de choisir notre religion –, leur aversion pour le pluralisme et ceux qui ont la chance de vivre en démocratie où hommes et femmes sont égaux en droits. Ils souhaitent donc notre destruction et, par la terreur, nous faire renoncer à ce que nous sommes, nous voir tourner le dos à notre identité et bafouer nos principes : la laïcité, la liberté de conscience, la mixité, le libre arbitre, l'altérité…

Le drame, c'est que leur propagande fonctionne, que leurs mensonges sont pris pour argent comptant par beaucoup. Une génération radicalisée, en scission complète avec la République, grandit sous nos yeux. Hermétique à tout discours, à toute remise en cause, paranoïaque et adepte des théories du complot. Résultat, une partie de la France de demain paraît irrécupérable. C'est un drame pour elle, un drame pour les familles de ces adolescents endoctrinés, qui se retrouvent face à un mur, à un étranger qui les rejette.

Une étude[1] de l'Institut Montaigne de septembre 2016 avance que cette génération radicalisée représenterait 30 % de la population musulmane ou de culture musulmane, estimée ici

1. Rapport de l'Institut Montaigne, paru dans le *Journal du Dimanche*, 18 septembre 2016, réalisé par Karim El Karoui, enquête commandée à l'Ifop.

à 5,6 millions de personnes. 1,7 million d'individus, selon ce travail, seraient en scission complète avec la République et l'Occident. Des personnes majoritairement jeunes, qui sont ou seront parents d'enfants bientôt élevés selon une idéologie religieuse prônant la haine de l'autre et la violence.

Osons une simple projection mathématique prenant pour base trois enfants par couple : cela signifierait-il que, dans une génération, ces hommes et femmes en rupture de ban de la démocratie seraient entre 4 et 5 millions… 4 à 5 millions de radicalisés ?

7

Une stratégie d'encerclement : conquérir la base, infiltrer les sommets

Il est effarant de constater que, près d'un siècle après la naissance, en 1928, de la pieuvre fériste, dévastatrice et liberticide, l'aveuglement semble dominer partout où ses membres tentent de s'imposer. Dans un premier temps, les Frères musulmans se présentent en « bénévoles » à l'écoute des plus faibles, toujours prêts à rendre service. Une sorte de militantisme caritatif qui constitue, dans la plupart des pays où ils ont depuis étendu leur emprise, le socle de leur entrée en politique. Ils ont en effet procédé ainsi en Algérie, en Tunisie, en Égypte et s'y mettent aujourd'hui en France, sous le couvert d'ONG humanitaires. Parmi ces ONG chez lesquelles on peut suspecter une certaine proximité avec les Frères musulmans, BarakaCity, énigmatique et prospère association dont le leader s'est fait connaître en refusant de serrer la main d'une femme à la télévision[1], laquelle n'était autre que

1. « Le Supplément », Canal +, 24 janvier 2016, Idriss Sihamedi, directeur de l'ONG BarakaCity.

la ministre de l'Éducation nationale en personne, Najat Vallaud-Belkacem, sans que celle-ci d'ailleurs le condamne, se contentant d'une réprobation minimaliste embarrassée… et oubliant que, face aux intégristes, la fermeté sur nos principes est la règle, surtout quand on représente l'État.

En Algérie, le FIS (Front islamique du salut) a agi de même. Il a longtemps apporté un soutien matériel à ceux qui en avaient besoin. Après le tremblement de terre de Tipaza, en 1989, ses satellites ont lancé une vaste opération de secours et de solidarité, organisant la collecte, l'acheminement et la distribution de vivres, couvertures, tentes destinés aux survivants. De quoi s'attirer les bonnes grâces de l'opinion et montrer l'incurie des pouvoirs publics ; d'une pierre deux coups. Parallèlement, des actions de solidarité locales ont été multipliées : accompagnement dans la recherche d'emploi, soutien et financement à la création d'entreprise, distribution de fournitures scolaires aux enfants des familles défavorisées, aides financières… Autant d'initiatives appréciées des populations, mais dont le véritable objectif était bien différent de celui des associations traditionnelles : derrière la main tendue et le secours apporté, c'est en fait le bâton et la soumission qui se cachaient. Et l'Algérie a vu le FIS prospérer, comme l'Égypte les Frères musulmans.

La stratégie est d'exploiter politiquement la dépendance matérielle des populations, de les aider pour que les familles soutenues se disent : « Eux, au moins, ils s'occupent de nous », sans voir la mainmise morale qui s'exerce, puis de les pousser vers le parti politique. En accordant une sorte d'assistance sociale aux démunis, les « humanitaires » intégristes acquièrent une grande crédibilité dans les milieux populaires, tissent des réseaux et élaborent un maillage territorial très utile aux partis islamistes. Les liens interpersonnels noués étant forts, chaque action sociale devient une occasion de faire de la propagande en faveur de l'islam politique. Cette politisation du militantisme caritatif et religieux est l'un des leviers sur lesquels s'appuient les Frères musulmans afin d'accéder au pouvoir. On l'a vu dans de nombreux pays. Fort de sa base militante acquise et renforcée ainsi, en Algérie, par exemple, le FIS a pu sortir de la clandestinité. De manière méthodique, il a organisé les bases d'une formation politique dont l'objectif était la mise en place d'un État islamique aux portes de la Méditerranée appliquant la charia.

Cette stratégie fut, malheureusement, un succès. Le 16 septembre 1989, moins d'un an après avoir obtenu l'agrément du ministère de l'Intérieur, le FIS engrangea ses premiers succès électoraux. Les législatives de 1991 firent l'effet d'une douche froide puisqu'il décrocha 188 sièges sur 231, soit 82 % des suffrages... Seule l'interruption du processus électoral par le FLN, le parti historique, et les militaires permit d'éviter la prise de pouvoir des islamistes. Les années qui suivirent furent néanmoins une période de larmes et de sang, effroyable guerre civile à huis clos qui fit des centaines de milliers de victimes.

Au moins, tirons enseignements et leçons de ce qui est arrivé dans ce pays. Et méfions-nous, en France, des associations humanitaires proches des Frères musulmans, qui tiennent des stands lors de chaque rassemblement islamiste au Bourget. Je suis convaincue qu'elles tentent déjà d'appliquer chez nous la stratégie initiée par le FIS, faisant de chaque bénéficiaire de leurs actions caritatives une future voix.

8

La France dans le collimateur

L'islam politique est, aujourd'hui, bel et bien en marche en France. L'imam Hassan Iquioussen, formé par l'UOIF (l'Union des organisations islamiques de France), lors d'un prêche tenu à la mosquée de Garges-lès-Gonesse en décembre 2012, invitait tous les musulmans à aller voter non pour accomplir leur devoir de citoyen, mais pour faire une démonstration de force auprès des élus et exercer une pression sur eux… « Il y a les élections, il faut aller voter car si on ne va pas voter ils feront des lois contre le voile… ça va revenir […]. Allez-y en famille, avec les enfants, la grand-mère, tous… et mes sœurs, si vous ne portez pas de foulard ce jour-là, portez-le ! Si vous le portez, mettez en deux !… Allez-y en nombre… car les élus, ils notent… et quand viendra le moment de voter contre le voile… ils diront non… parce qu'ils savent que sinon ils perdront. » N'est-ce pas une belle preuve de la stratégie de l'islam politique, la démonstration qu'il cherche à jouer avec nos institutions et la démocratie en appelant et recourant à la pression communautaire à l'égard des élus, lesquels, souvent, cèdent aux sirènes du clientélisme afin d'être réélus ?

On le constate – et c'est une nouvelle preuve de l'échec actuel de l'islam de France –, c'est bel et bien un « islam politique » qui donne le ton dans notre pays. Celui-ci tend à devenir la norme de nombreux musulmans. Face à lui, le silence d'une partie des Français de confession musulmane et plus largement des musulmans des démocraties modernes doit cesser.

Les Frères musulmans ont des relais importants et actifs dans l'Hexagone. Ils sont arrivés à jouir d'une forte influence auprès des jeunes, lesquels se voient mobilisés (parfois sans s'en rendre compte) et instrumentalisés par les luttes antiracistes et contre les inégalités. En misant sur ces nobles combats, les intégristes, à visage couvert, attirent et fidélisent militants et sympathisants. Leur antiracisme voudrait faire des musulmans les seules et uniques victimes du racisme. Ainsi, lorsque certains alliés des islamistes, proches du PIR (Parti des Indigènes de la République) ou du BDS (Boycott Désinvestissement Sanctions – contre Israël), organisent un « camp décolonial » « interdit aux Blancs », cela n'est évidemment pas défini comme du racisme... Lorsque ces actions sont abondamment relayées par des « journalistes » communautaristes ayant pour obsession de condamner la

France et de la culpabiliser, à coup sûr le message orienté passe et gagne du terrain.

C'est le cas du Bondy Blog, média en ligne créé en 2005 pour « raconter la France de la diversité ethnique » et porter « la voix des quartiers sensibles », toujours prêt à contredire par « une enquête de terrain » tout reportage qui démontre la montée de l'islamisme en France. On l'a constaté lorsque *Le Figaro magazine* publia une enquête consacrée à Saint-Denis intitulée « Molenbeek-sur-Seine », le 23 mai 2016, mais aussi lorsque France 2, en décembre 2016, diffusa dans le journal de 20 heures un reportage consacré aux femmes interdites de café à Sevran. Chaque dénonciation de la poussée des communautarismes étayée par les faits, chaque exemple attestant du recul des droits des femmes, des atteintes à la laïcité, du non-respect des forces de l'ordre dans nombre de quartiers est suivi, dans le Bondy Blog, d'une « contre-enquête » dont l'orientation ne trompe personne. La conclusion est invariablement une accusation en « islamophobie » des auteurs des reportages, une stigmatisation, un acharnement contre les musulmans des quartiers. Le mot d'ordre est : « Circulez, il n'y a aucun problème d'islamisme, bande d'islamophobes ! »

Je suis plus que surprise du manque de professionnalisme de leurs « journalistes », de leur parti pris, eux que je vois fréquemment relayer les tweets insultants qu'il m'arrive de recevoir. Surprise et surtout choquée de constater que les propos anti-France, racistes, misogynes, homophobes et antisémites de certains membres de leur rédaction – comme Mehdi Meklat et son compère Badroudine Saïd Abdallah (*alias* Mehdi et Badrou, « les Kids ») –, découverts récemment, n'ont pas suscité autant de cris d'orfraie en leur sein. Quand le premier écrit sur son compte Twitter « les Blancs, vous devez mourir ASAP », « Faites entrer Hitler pour tuer les juifs #César2012 », « Vive les PD, vive Hollande ! », « J'ai envie d'égorger quelqu'un selon le rite musulman », quand le second assène « J'encule la France », « Ce pays pue la gerbe, ce pays pue la merde », « C'est bon les Serbes que j'ai payé [*sic*] pour brûler #CharlieHebdo ont passé la frontière », « Vive la raie-publique, vive la France », « #SansLesArabes nous n'aurions pas eu Mohammed Merah et Smaïn. RIP à eux », où étaient les dénonciateurs habituels du racisme ? Évidemment, « les Kids » ont nié la portée de ces tweets, les résumant à « de l'humour », les présentant comme l'œuvre d'un « double maléfique » !... Heureusement, des voix – rares – ont dénoncé ce type de double discours lorsqu'elles l'ont découvert.

En vérité, les islamistes attirent dans leurs filets des jeunes médiatisés dont l'obsession est d'accuser la société française d'islamophobie. Une France qui leur a pourtant tout donné, puisque leur ascension sociale est souvent le fruit des dispositifs de la « discrimination positive »... Ce soutien, cet accès à des stages et des postes au sein de rédactions – qui ne les auraient sans doute pas recrutés sans la mise en place de ces dispositifs d'« égalité des chances » – ne développent pas chez eux le moindre sentiment de reconnaissance ou de gratitude envers la République. Ils sont enlisés dans une vision raciale et religieuse de la société.

D'autres médias sombrent dans « l'islamo-gauchisme », se faisant – inconsciemment ou non – les relais et soutiens de l'islamisme. Les responsables des rédactions qui employaient « Les Kids », à savoir les *Inrocks* et France Inter, connaissaient pour beaucoup leurs messages, échangeaient régulièrement avec eux sur les réseaux sociaux. Quand l'horreur de leurs propos est apparue, leurs condamnations parurent bien faibles, voire inaudibles. Il est vrai que c'est la marque de fabrique de certains « bobos » de gauche, suiveurs inconscients des islamo-communautaristes, ces idiots utiles qui réclament une repentance permanente et se font du bien en ayant leur petit « jeune de banlieue » à proximité. Ces relais de la pensée islamo-communautariste usent toujours d'euphémismes pour atténuer les responsabilités des islamistes ou les dérives des banlieues, devenant des collabos des temps modernes. En revanche, leur virulence s'éveille lorsqu'ils s'en prennent à certains défenseurs de la République et de la laïcité qu'ils méprisent tant. Ils sont même soutenus par les activistes de l'islamo-communautarisme comme Edwy Plenel, patron de Mediapart, devenu la coqueluche des militants « anti-islamophobie ».

Ces derniers se rendent-ils compte qu'ils jouent un jeu dangereux pour la France car, par leur bienveillance et leur dogmatisme, ils accompagnent l'infiltration des rédactions, dont le but est de façonner l'opinion en faveur d'une vision relativiste, alliée indispensable de l'islamisme ?

Bénéficier de relais médiatiques (aveugles ou complaisants) est essentiel aux islamistes, car cela est indispensable pour concrétiser leur dessein de conquête territoriale et de transformation culturelle et politique. Leur objectif, à moyen terme, est l'abrogation de la loi de 2004 sur le port de signes religieux ostentatoires à l'école et la fin de celle de 2010 interdisant la dissimulation du visage, appelée parfois « loi interdisant le port de la burqa ». À ce propos, ils n'hésitent pas à utiliser tous les moyens pour atteindre ces objectifs : double discours[1], violence, cyber-harcèlement, harcèlement

---

1. Amar Lasfar, président de l'UOIF, recteur de la mosquée de Lille, président-fondateur du lycée Averroès, déclare en février 2015, face caméra, n'avoir aucun lien avec les Frères musulmans. Un an plus tard, son bras droit, Mohamed Karrat, cadre responsable de la Ligue islamique

judiciaire[1] des personnes qui osent les dénoncer. Ils tentent d'étouffer financièrement les voix discordantes par la multiplication d'actions en justice – qui génèrent frais de défense élevés et épuisement psychologique. Ils instrumentalisent la voie judiciaire pour en faire une arme permettant de faire taire ceux qui se mettent en travers de leur chemin.

À l'étranger, les islamistes vont parfois plus loin et éliminent physiquement leurs opposants. Combien d'intellectuels, d'écrivains, d'artistes, de militants des droits de l'homme ont en effet été assassinés dans les pays où ils veulent – ou ont pris – le pouvoir ? Lorsque leurs cibles ne sont pas tuées, celles-ci doivent vivre – tel Salman Rushdie, Kamel Daoud, Boualem Sansal – avec une épée de Damoclès au-dessus de la tête : des fatwas

du Nord, recteur de la mosquée de Villeneuve-d'Ascq et professeur au lycée Averroès, lorsque le 9e RAMN (Rassemblement annuel des musulmans du Nord) est dénoncé pour avoir invité des prêcheurs islamistes, explique : « L'UOIF est accusée d'être des Frères musulmans, et ça, personne ne s'en cache… Nous en sommes fiers. »

1. Le professeur de philosophie ayant dénoncé les pratiques d'enseignement antirépublicaines du lycée musulman Averroès après les attentats de *Charlie Hebdo*, Soufiane Zitouni, a été poursuivi en justice. Il en est de même pour Mohamed Louizi qui a dénoncé les liens de l'UOIF avec les Frères musulmans.

prononcées par un cheikh n'ayant que la haine et la mort à la bouche (« au nom de Dieu »... évidemment !).

En Algérie, entre 1993 et 1998, c'est un véritable programme d'extermination des journalistes, intellectuels et artistes, qui fut mis en œuvre. L'un des premiers émirs du GIA (Groupement islamique armé), Mourad Si Ahmed dit Djafar el-Afghani, « L'épée de Dieu », prononça une terrible sentence suivie d'effet : « Les journalistes qui combattent l'islam par la plume périront par la lame. » Majoritairement opposés au projet de constitution d'un État théocratique, journalistes et intellectuels se sont mobilisés à travers leurs publications et leurs prises de position. Ce qui leur a valu la vindicte islamiste. En janvier 1993, une publication clandestine du FIS intitulée *Minbar al-Djoumou'a* a ainsi accroché à l'entrée de la mosquée Le Plateau d'Alger la liste[1] de personnes à éliminer. Quant au GIA, régulièrement il appelait à liquider la « presse mercenaire », accusée de mener « une guerre médiatique contre le djihad ».

Les premières personnalités ciblées furent les intellectuels du CNSA, le Comité national de sauvegarde de l'Algérie, qui avaient appelé à

1. Entre 1993 et 1998, plus d'une centaine de journalistes algériens ont été tués, deux ont disparu. Olivier Quemener, journaliste à l'AFP, a été assassiné le 2 janvier 1994 à la Casbah.

l'interruption du processus électoral après la victoire du FIS au premier tour des législatives du 24 décembre 1991. Meurtres, égorgements, têtes laissées devant le domicile des parents des audacieux, les exactions furent ignobles.

Le 14 mars 1993, tomba près de chez lui Hafid Senhadri, le porte-parole du CNSA.

Le 16 mars, c'est le sociologue Djilali Liabès, ancien ministre sous le président Boudiaf, qui fut assassiné.

Le 17 mars, le pédiatre Lhadi Flici est abattu dans son cabinet de la Casbah.

Le 3 avril, Karima Belhadj, cadre de la police, est tuée.

Le 15 juin 1993, figure emblématique de la psychiatrie algérienne, Mahfoud Boucebci, connu pour son opposition à l'islamisme, est poignardé à l'entrée de l'hôpital Drid Mohamed où il exerçait. Une semaine plus tard, le 22 juin, c'est au tour du sociologue M'hamed Boukhobza, qui avait travaillé avec Pierre Bourdieu, de disparaître.

Faut-il continuer la liste ? Oui.

Le 5 mars 1994, le directeur de l'École des beaux-arts d'Alger, Ahmed Asselah, et son fils unique Rabah sont exécutés. Cet homme avait fait de l'école l'une des meilleures d'Afrique.

Le 10 mars, à Oran, c'est au tour d'Abdelkader Alloula, le plus grand dramaturge algérien, animateur pendant plus de trente ans d'un théâtre en arabe populaire, d'être victime d'une agression qui lui coûte la vie.

Le 23 août, l'islamologue et professeur de sociologie Rabah Stambouli, promoteur d'un islam tolérant et progressiste, est abattu à la sortie de l'université de Tizi Ouzou.

Le 15 février 1995, toujours dans la capitale kabyle, c'est au tour de l'architecte militante démocrate et féministe, présidente de l'association Cris de femmes, Nabila Djahnine, d'être ciblée. Les féministes étant considérées par les islamistes comme des « débauchées » constituant une menace grave contre les mœurs et la société islamique, il fallait l'éliminer.

Deux jours plus tard, un grand nom de l'histoire du raï est fauché : Rachid Baba Ahmed, producteur de musique et imprésario de plusieurs vedettes de cette musique jugée « satanique » par les islamistes.

Le 29 septembre, Cheb Hasni, chanteur adulé, est exécuté devant le domicile de ses parents, dans le quartier Gambetta d'Oran. Ses funérailles rassemblèrent une foule immense et bouleversèrent la jeunesse algérienne. Quatre jours auparavant, le 25 septembre, en Kabylie, le poète et chantre de la cause berbère Matoub Lounès était enlevé et séquestré par un groupe armé dirigé par l'émir du GIA Aït Ziane. Le poète, jugé par un « tribunal islamique » du maquis, se vit finalement « acquitté » puis libéré grâce à la pression d'une formidable mobilisation populaire. Mais son répit fut de courte durée, puisqu'il sera criblé de balles le 25 juin 1998, dans des circonstances non élucidées, alors qu'il revenait chez lui après un long exil en France.

Combien, d'ailleurs, n'ont eu d'autre choix que de fuir ?

La Tunisie n'a pas plus été épargnée. Plus récemment, l'avocat Chokri Belaïd, défenseur des droits de l'homme, a été assassiné. C'était le 6 février 2013, en sortant de son domicile, parce que, en farouche opposant d'Ennahdha, il avait dénoncé la poussée de l'islam intégriste. Quelques mois plus tard, le 25 juillet 2013, Mohamed Brahmi, homme politique, est tué devant sa famille. Lui aussi s'était vivement opposé aux islamistes, et notamment au gouvernement dirigé par le même mouvement. Des meurtres revendiqués ensuite par Boubaker El Hakim, djihadiste franco-tunisien, dit Abou Mouqatel, dans une vidéo où il menace de commettre d'autres attentats « tant que la Tunisie n'applique pas la loi islamique ».

Le pays vit également circuler sur les réseaux sociaux une liste et des photos de journalistes, militants de gauche et membres de la société civile, à évincer selon Zied El Heni, du bureau exécutif du Syndicat national des journalistes tunisiens et journaliste au quotidien *Essahafa Al Youm*.

Je ne cite pas ces noms pour dramatiser. Je les cite comme un hommage, un refus de l'oubli, une célébration de leur engagement pour la liberté et une promesse de ne rien céder face aux intégristes aujourd'hui encore. Oui, je refuse de les oublier ; leur sacrifice ne doit pas se perdre, englouti par le temps et le confort de nos vies.

À travers cet inventaire de sang, énumération aussi terrifiante que longue bien que succincte au regard des 200 000 victimes de l'islamisme dans la seule Algérie, je ne cultive pas le morbide mais souhaite faire prendre conscience de la vitesse avec laquelle les événements s'enchaînent, de la spirale inexorable de morts et de larmes qui s'enclenche lorsque l'intégrisme veut mettre un pays à genoux. Je désire aussi ouvrir les yeux de ceux qui nient la gravité des dangers et pensent que composer avec les islamistes pourrait nous épargner. Jamais les islamistes ne se soumettent à la pensée libre ; au contraire ils l'écrasent. Prenons garde. Cette funeste histoire peut s'imposer à un peuple et déstabiliser pour longtemps un pays.

Faire taire ceux qui peuvent s'opposer à eux par la raison, anéantir ceux qui oseraient réveiller le peuple, éliminer ceux qui seraient capables d'entraver leur progression est l'objectif des intégristes. La liste de personnalités et professions (journalistes, écrivains, artistes, policiers, politiques, gardiens de prison) à attaquer diffusée par le terroriste Larossi Abballa – assassin (par égorgement) du couple de policiers de Magnanville – comme celle expédiée à plus de trois cents jeunes par Rachid Kassim sur l'application Telegram ne rappellent-elles pas, à leur manière, celles autrefois établies en Algérie et en Tunisie ?

9

La violence comme arme de conquête

Tant de signaux démontrent que l'islamisme est une idéologie mortifère dont l'ambition hégémonique entend s'imposer par la violence. Encore faut-il accepter de les voir… La devise des Frères musulmans prend soudain un éclairage bien particulier : « Allah est notre but ultime, le Messager est notre exemple et guide, le Coran est notre constitution, le djihad est notre voie, mourir dans le sentier d'Allah est notre plus grand espoir. » Hassan al-Banna, le fondateur de la confrérie, précise dans ses *Épîtres aux jeunes* le comportement que ces derniers doivent adopter pour atteindre un tel objectif : « Les Frères musulmans savent que le meilleur exemple, pour le meilleur groupe, est celui des compagnons du Prophète (paix sur lui), moines la nuit et chevaliers le jour. » Traduction : prier chez soi le soir, conquérir dans la journée.

Dès lors, il n'est plus temps de douter de l'objectif des islamistes : que ce soit par la voie politique, la multiplication des signes ostentatoires, la réislamisation des musulmans, l'islamisation des non-musulmans *via* les conversions, l'endoctrinement de la jeunesse, l'infiltration dans les médias et les partis politiques voire la violence, ils visent à recourir à tous les leviers pour un seul dessein : imposer leur doctrine partout et à tous.

Pour cela, ils pourront à la fois compter sur les approximations et raccourcis de « journalistes » ou penseurs qui qualifient de « musulman » ce qui relève en vérité de pratiques islamistes, les banalisant ainsi tout en dévoyant la foi sincère. Ils pourront également compter sur certains politiques qui, lors d'attentats, se voilent la face par « souci d'apaisement », parlent de « tolérance », de « question sociale », de « compréhension de la différence » et de « modération » pour masquer leur inconséquence, leur déconnexion, leur lâcheté. Faiblesses dramatiques.

Quand la menace se fait pressante, il faut savoir préserver la dignité d'un peuple, d'un pays. Celle de la France, celle de la civilisation demeureront si nous conservons notre capacité à combattre. Quoi de plus indigne que de subir et de se taire ? De laisser le mal se diffuser et de s'abandonner à une lente agonie sans réagir ? De s'éteindre sans avoir tenté de s'opposer ?

Se battre, résister sans trembler sont notre seul espoir de triompher des barbares, de gagner ce combat d'un genre nouveau aux ennemis incontrôlables, mobiles et dissimulateurs. La composante musulmane ouverte, modérée, démocrate de la France sera un allié de poids dans cette bataille, pour détecter les ferments de radicalisation et accompagner les forces de l'ordre, notamment dans les quartiers gangrenés par l'intégrisme. Encore faut-il qu'elle l'entende et réalise que c'est autant son honneur, sa noblesse que son intérêt. J'y crois. Cela n'est-il pas arrivé par le passé ?

Souvenons-nous des soldats musulmans qui ont répondu présent et se sont engagés dans le combat contre les Allemands durant la Première Guerre mondiale. Leur sacrifice a été important ; ils faisaient corps avec la nation française. La vue du carré musulman de l'ossuaire de Douaumont nous le rappelle. Face à la barbarie, ils ont fait un avec la nation française. Durant la Seconde Guerre mondiale, ils ont aussi lutté, dans la Résistance comme les forces de libération, contre la peste brune qui venait de s'abattre sur l'Europe. Aujourd'hui, face à la peste verte qui veut fondre sur nous, la composante musulmane doit se lever à nouveau afin d'écraser l'infâme islamisme qui voudrait soumettre nos démocraties, nos droits et nos libertés.

L'histoire récente de l'autre côté de la Méditerranée nous enseigne que seuls l'intransigeance, la détermination et le courage les feront reculer. Continuer à se taire serait comparable à une collaboration, dans la mesure où « l'islam politique » en action est comparable au nazisme.

10

Faux amis des musulmans, vrais ennemis de l'intérieur

Les promoteurs du concept d'islamophobie (CCIF – Collectif contre l'islamophobie en France –, UOIF et autres obscurs « observatoires ») entendent imposer avec ce terme une nouvelle censure. La liberté d'expression s'arrêterait donc là où les tenants de « l'islam politique » le décident ? Le rapport de force est en place, durablement installé, son objectif étant de parvenir à s'imposer à la République. La célébration des « différences » et d'une liberté religieuse dévoyée parviendra-t-elle à briser notre République une et indivisible ? La ligne de conduite des islamistes est d'imposer des modes « culturels » étrangers aux pays dans lesquels ils vivent... en instrumentalisant nos valeurs : le « respect des différences », la « tolérance », la « liberté de culte ». Le bras de fer étant établi, l'objectif de l'accusation d'islamophobie est d'arriver à faire des « différences » radicalisées la règle aux yeux de l'opinion publique. Autrement dit, d'imposer les normes islamistes à la République.

« Laissez-nous vivre comme nous le souhaitons au nom de nos différences que vous avez si longtemps célébrées et soulignées, et nous cesserons – éventuellement – de vous provoquer. » C'est bel et bien un chantage – à peine dissimulé – avec l'État qu'ils essaient de mettre en place.

Dès lors, je pense qu'aucun représentant politique – et encore moins l'État – ne doit entamer de discussions avec les militants islamistes. En faire des interlocuteurs, c'est déjà leur accorder une victoire. C'est faire entrer le loup dans la bergerie. Pourquoi ? Parce que de discussions en pressions, ils finissent toujours par obtenir un « accommodement raisonnable », lequel ne signifie rien d'autre qu'un renoncement contraire à notre tradition politique. La République une et indivisible se briserait sur l'autel de la célébration, de l'institutionnalisation des différences. Bien sûr, une certaine idéologie gauchisante, engluée dans ses schémas post-soixante-huitards, dont la pensée est rythmée par le son des djembés « follement exotiques » des manifestations de Touche pas à mon pote et SOS Racisme, refusera d'accepter cette réalité. Elle continuera à culpabiliser celui qui s'opposera fermement à la trahison de notre modèle républicain.

Je crains que le jour où ses membres ouvriront les yeux ils ne réalisent qu'il est trop tard.

Le concept d'islamophobie n'est en rien le relais noble d'une lutte antiraciste légitime. Soyons clair, il existe bel et bien des actes racistes en France – qu'il faut combattre et condamner fermement –, mais prétendre qu'un racisme antimusulman structurerait le pays, le sortir comme argument infamant à toute personne en désaccord avec certaines pratiques relèvent de la manipulation. De fait, qui sont les premiers défenseurs de ce concept fumeux sinon les identitaires islamistes, les membres et sympathisants des associations de lutte contre l'islamophobie, du Parti des Indigènes de la République (PIR), dont les prises de position sont bien souvent empreintes d'antisémitisme et de racisme anti-blancs ? En instrumentalisant cette idée, ils veulent lancer une OPA sur la « communauté » musulmane, laissant croire qu'ils seraient les seuls vrais « musulmans », ou leurs « représentants » exclusifs. Ils manipulent la partie crédule des musulmans en les invitant à des comportements toujours plus excessifs, toujours plus ostentatoires. De cette manière, ils deviennent les artisans d'une stigmatisation… qu'ils dénonceront ensuite. Ils les invitent également à refuser toute remise en cause de pratiques et tenues importées de pays pratiquant un islam rigoriste, en attaquant l'État[1], en diffusant l'idée que la laïcité est une religion d'État et même une arme contre les musulmans. Ainsi, le communiqué[2]

1. Le CCIF a porté plainte contre les communes qui ont pris un arrêté contre le burkini à l'été 2016.

2. Communiqué du 26 juin 2015 du CCIF suite à l'attentat commis à Saint-Quentin-Fallavier (Isère) :

du CCIF au lendemain de la décapitation en Isère du chef d'entreprise Hervé Cornara, en juin 2015, dénonçait le problème en France de l'islamophobie et non du terrorisme. Cynisme et provocation inouïs.

Au fond, ils exaltent la question religieuse pour éclipser la question raciale. Ils infantilisent et instrumentalisent cette nouvelle « communauté » religieuse dont le poids électoral serait important. Ils connaissent les jeux de pouvoir et se « vendent » au plus offrant lors des élections… La gauche aime souvent flirter avec eux. La lutte des classes et l'islam politique s'accordent parfaitement. Les premiers rêvent de retrouver leur nouveau prolétariat, les seconds sont à la recherche d'élus faibles qui accéderont à leur demande d'accommodements, et parfois même prêts à se faire les relais des discours culpabilisants et victimaires des intégristes au niveau local et national. Une fois leur accord fixé, ils tiennent meeting[1] ensemble. Les imams

« […] Dans un contexte déjà difficile, où la société française est gangrenée par une montée du racisme et de l'intolérance ainsi qu'une recrudescence des actes islamophobes, nous mettons en garde contre toute tentative d'amalgame et demandons à ce que la sécurité des lieux de culte soit renforcée […]. »

1. Le collectif « Ensemble ! », mouvement pour une alternative de gauche écologiste et solidaire, dont la porte-parole est Clémentine Autain (Front de gauche), diffusa

politiques, aujourd'hui en France, donnent même des consignes de vote dans les mosquées, tandis que les islamistes en col blanc lancent des campagnes virales dans le même sens, comme on l'a vu lors de la primaire socialiste où Manuel Valls, bête noire des islamo-gauchistes, en fut victime.

L'islamo-gauchisme est un communisme dans lequel l'islam sert de prétexte à des manœuvres électoralistes. Il ne veut plus extraire le peuple de son « opium » religieux, mais encourage celui-ci à vivre sous sa dépendance. Un communisme qui ne libère pas des superstitions mais enchaîne à sa condition, sa religion, ses traditions, ses origines, qu'importe ses dérives. Avec cet artefact qu'est l'islamophobie, ce n'est pas seulement l'extrémisme qui monte mais l'islam politique et ses terroristes qui progressent, eux dont le seul objectif est, à terme, de faire de la France un pays musulman.

Marwan Muhammad, président du Collectif contre l'islamophobie en France, ancien porte-parole de cette même organisation, avait un jour déclaré à la mosquée d'Orly : « Qui a le droit de dire que la France, dans trente ou quarante ans, ne sera pas un pays musulman ? Qui a le droit ?

---

un appel à se rendre à un meeting à Saint-Denis, en décembre 2015, avec pour intervenants Tariq Ramadan et Marwan Muhammad.

Personne dans ce pays n'a le droit de nous enlever ça… Personne n'a le droit de nous nier cet espoir-là… De nous nier le droit d'espérer dans une société globale fidèle à l'islam… Personne n'a le droit, dans ce pays, de définir pour nous ce qu'est l'identité française. »

Ces propos n'illustrent-ils pas de manière explicite le projet que porte l'organisation que représente ce fidèle de l'école fériste ? Des paroles dans la droite ligne des recommandations du fondateur des Frères musulmans. Bien sûr, Marwan Muhammad a contesté avoir déclaré de telles choses, arguant qu'il s'agissait d'une invention de l'extrême droite. Mais c'est en fait Élisabeth Schemla, ancienne rédactrice en chef au *Nouvel Observateur* (que l'on ne peut suspecter de proximité avec l'extrême droite), qui fut la première à les avoir rapportées dans son livre *Islam, l'épreuve française* !

Autre fait à noter, la dissimulation (*taqiya*) est l'un des enseignements des Frères musulmans, avec lesquels le double discours est toujours de rigueur… Et si la vidéo de Marwan Muhammad tenant ces propos (que j'ai consultée) a été supprimée du Web depuis, elle a bel et bien existé.

On constate combien le concept d'islamophobie est un piège tendu aux musulmans et à la République. Avec lui, les premiers sont mis sous cloche, installés dans une position exclusive de « croyants », encouragés à ne pas s'intégrer.

À cause de lui, la seconde sombre dans une paralysie liée à la peur de verser du côté des intolérants, se noie dans des doutes qui l'empêchent d'agir pour, enfin, s'affirmer. L'ultimatum est simple : laissez-nous pratiquer l'islam en dehors du champ républicain, soumettre les femmes en les voilant et communautariser des zones entières, sinon il ne faudra pas s'étonner qu'un sentiment d'islamophobie « justifie » les attentats. En titillant cette fibre, les islamistes allument et attisent les braises d'un conflit interreligieux qu'ils alimentent avant de le prendre, ensuite, comme illustration de leur théorie de « la France raciste ». Ils sont maîtres dans l'art d'inverser les rôles. Pour cela, ils judiciarisent la question religieuse, enferment les personnes issues de l'immigration dans une relation conflictuelle avec la nation, déterminés à défier chaque État en imposant un chantage insidieux laissant planer le risque de nouveaux actes terroristes.

Quoi qu'il en soit, ce ne sont plus quelques rues ou cités qui sont désormais les laboratoires de l'islam politique en France, mais bel et bien des quartiers, des zones entières. Comme je l'avais déclaré en novembre 2015 au « Talk » du *Figaro* : « Des Molenbeek, il y en a partout en France. » À Villeurbanne, Saint-Denis, Argenteuil, La Grande-Borne, Roubaix, Sevran…

Mais qu'est-ce qu'un « Molenbeek » ? C'est tout simplement un lieu, un espace, une ville où l'on vit contre la France, contre les Français et leur culture. Une ville où l'on refuse la liberté des femmes – elles portent majoritairement niqab, jilbeb, burqa –, où les petites filles sont souvent voilées, où la mixité sociale et culturelle relève du lointain souvenir. Une ville où les normes des intégristes ont pris le dessus, où l'arabe est la langue la plus pratiquée dans la rue, où les enfants suivent à la mosquée des cours de « langue et culture arabes » qui sont, en réalité, des enseignements d'islamisme. Une ville où l'argent de la drogue et des trafics en tout genre est blanchi dans des kebabs et des « points phone » douteux. Une ville où les librairies classiques sont remplacées par des librairies religieuses, où les femmes disparaissent des lieux de vie comme les cafés, les terrasses, les restaurants… Une ville où une femme n'est respectée que si elle est parfaitement voilée, idéalement dans un rôle de mère, la poussette greffée aux mains… Une ville où une femme non voilée, surtout maghrébine, se sent mal à l'aise, rase les murs, est insultée et harcelée.

« L'islam politique » a envahi, au fil des années, le quotidien des musulmans en leur imposant un mode de pensée, une pratique religieuse radicalisée et un comportement social en opposition avec le modèle culturel français et occidental. Les islamistes pensent que c'est aux derniers arrivés que la France doit s'adapter. Or la France n'est pas une page blanche, sans valeurs, sans principes, sans histoire, sans traditions. Ils exigent en effet une « adaptation » totale des pays d'accueil, lesquels devraient accepter sans mot dire leur prosélytisme, leurs atteintes à l'égalité hommes-femmes, à la laïcité, à l'ADN culturel des nations où ils vivent... Une adaptation, selon eux, synonyme de tolérance.

Mais quel raisonnement binaire et culpabilisant ! Accepter ou être frappé du sceau de l'intolérance, est-ce un choix ? N'est-il pas ironique, par ailleurs, de les voir en appeler à la tolérance, eux qui ne célèbrent et ne pratiquent que l'intolérance ?

Imaginez-vous une expatriée en Arabie Saoudite ou en Iran allant et venant en robe courte, cheveux libres et buvant un verre de vin avec des amis à la terrasse d'un café de Ryad ou de Téhéran ? Non, car les Saoudiens et les Iraniens considéreraient ces comportements comme des provocations intolérables et condamnables. Cette situation ne risque pas d'arriver car les Occidentaux respectent les pays où ils se rendent et s'adaptent à leurs exigences culturelles. Ils n'ont pas de visée hégémonique lorsqu'ils vont vivre ou travailler à l'étranger. Ce qui n'est pas le cas d'une partie des musulmans installés dans les pays occidentaux qui refusent de laisser leur culture d'origine dans la sphère privée… Peut-être sont-ils convaincus de la supériorité de leur mode de vie et de leur croyance ?

Je veux rester optimiste, je veux croire qu'une grande partie des Français de confession musulmane, et notamment les femmes, n'ont aucune envie de cette évolution terrifiante. La France et la République nous ont permis d'entreprendre et de suivre des études, d'avoir un métier, de pouvoir choisir un mari, d'élever nos enfants comme nous le souhaitions. Devrait-on renoncer à cette formidable émancipation pour satisfaire les dogmes dépassés de quelques barbus frustrés et incultes qui tiennent en otage une communauté par la peur ? Non, je ne le crois pas. Non, je le refuse. Les musulmans sont-ils condamnés, alors que le monde avance, à régresser vers l'obscurantisme, y compris lorsqu'ils sont nés ou vivent en Occident depuis des décennies ?

Il est temps de rejeter massivement les faux amis qui, faiseurs de haine, de division et de régression, donnent une image lamentable de l'islam et des musulmans. Il est temps de les mettre au ban de notre société, de nos villes, de nos quartiers, de nos écoles, de nos familles. Je suis une femme française, je ne vis pas en Iran ou en Arabie Saoudite. Je n'ai aucun ordre moral, religieux ou diktat à recevoir de qui que ce soit. L'islamisme est infâme. Il faut le combattre chaque jour afin de ne pas céder une once de notre liberté.

Le temps est donc venu d'agir pour les Français de confession musulmane. La France protège notre liberté, la France protège les femmes, la France protège l'éducation des enfants, la France soigne et assiste les plus faibles, aussi ne faut-il pas l'abandonner. Assumons une hiérarchie où la citoyenneté prime sur la croyance. Soyons françaises et français d'abord, musulmanes et musulmans ensuite.

11

Imposer ses différences est une tyrannie

L'acceptation de l'altérité traduit une ouverture d'esprit qui permet à la fraternité de se concrétiser dans les rapports sociaux. Pour nous immigrés ou descendants d'immigrés, le devoir était d'apprendre à vivre avec de nouveaux hôtes et de les comprendre au-delà de nos différences culturelles ou religieuses. Nous faisions l'effort d'assimiler la culture et les valeurs de notre pays d'accueil. Évidemment, tout ne se faisait pas sans difficulté, mais c'était une démarche de volonté, de respect et de fierté qui nous motivait. Elle était peu évidente mais déterminante pour atteindre l'avenir meilleur que nous espérions en quittant nos pays d'origine.

Aujourd'hui, on constate une inversion totale des perspectives : les pays d'accueil se soumettent chaque jour à la tyrannie culturelle de leurs anciens immigrés ou de leurs descendants... Il n'est plus question de se « fondre » dans la nation d'accueil, d'observer une certaine discrétion, mais de revendiquer et d'imposer, parfois de manière tonitruante, ses différences. Une forme de tyrannie de la pensée est véhiculée à travers de nombreux comportements sociaux, vestimentaires ou folkloriques : tenues distinctives pour les femmes et les hommes, exhibitions nationalistes à toutes occasions (rencontres sportives, soirs d'élections, cortèges...), excès de folklore dans les mairies lors des mariages (youyous, cortèges bloquant les rues avec drapeaux étrangers...). Autant d'agissements qui provoquent des troubles à l'ordre public et constituent une régression comportementale, attitude que l'on observe chez une part croissante des musulmans des démocraties occidentales, en France comme en Belgique, aux Pays-Bas, en Grande-Bretagne ou en Suède... Des débordements et des comportements inacceptables. Ce qui était, au nom du « respect des différences », toléré hier est désormais perçu comme une agression intolérable. La multiplication de ces actes tapageurs pousse les démocraties occidentales au bord de l'implosion et parfois de la guerre civile. À travers ces « différences » étalées, c'est la primauté d'une allégeance à une croyance et aux pays d'origine qui est véhiculée.

L'espace public – que nous avons tous en commun – ne peut devenir le théâtre d'une expression outrancière d'appartenance à un groupe religieux et ethnique. Ces exhibitions excluent et offensent la culture du pays d'accueil. Du droit à l'indifférence, certains musulmans – encouragés par des « leaders communautaires » – ont préféré évoluer vers une tyrannie des différences. Une injonction à la fois ostentatoire et revendicatrice. Aujourd'hui, ils souhaitent que les pays d'accueil s'adaptent à leur singularité, y compris dans leur ADN philosophique et politique. Mais à cause de leurs excès, les autres musulmans, plus nombreux, se voient stigmatisés, obligés d'être toujours plus « exemplaires ». Les seuls responsables de cet écartèlement, au final, sont les provocateurs, déstabilisateurs professionnels souvent proches de l'UOIF et du CCIF, qui attisent les braises du conflit qui couve.

Peu nombreux sont ceux qui osent réagir pour condamner la politisation de cette religion par ces islamistes dissimulés, proclamés « porte-voix des musulmans[1] ». Ce n'est pas la France, pas la République, pas la laïcité qui sont les causes de la violence qui monte. Encore une fois, une partie des musulmans, par leur silence, semblent être des victimes consentantes.

---

1. Voir le portrait de Marwan Muhammad, président du CCIF, proche des Frères musulmans, présenté dans *Le Monde* du 31 octobre 2016 par Cécile Chambraud comme le « porte-voix combatif des musulmans ».

12

Victimes de tout, responsables de rien ?

À en croire ces intégristes, la France serait coupable de tout ! Elle n'aurait pas su accueillir et encadrer les enfants de l'immigration. Elle ne respecterait pas « l'égalité des chances »... Étrange formule qui laisse penser que l'impalpable et imprévisible « chance » pouvait être partagée de manière égale et faire l'objet d'une politique de redistribution par l'État. Bref, tous les musulmans seraient victimes d'une France discriminante, d'« un racisme institutionnel[1] ». Les actes délictueux de certains seraient uniquement la conséquence d'une politique d'intégration ratée et du manque de considération, de générosité et de souplesse républicaine[2] envers ces populations.

Les islamistes sont maîtres dans l'art de retourner les situations et de minimiser les responsabilités.

---

1. Rapport 2016 du CCIF, p. 22 : « Encore en 2015, l'islamophobie demeurait une forme de racisme institutionnalisé. »

2. *Ibid.* : « Ces discriminations institutionnelles sont le résultat d'une compréhension idéologique et radicale du concept de laïcité. »

Les « excuses sociales » sont devenues l'alpha et l'oméga des dérives de notre société ! Ainsi la France, même lorsqu'elle est victime des barbares islamistes, devient pour certains coupable et responsable à cause des « inégalités »... Ne voyons-nous pas poindre là le danger du véritable amalgame ?

Il est en effet dangereux, pernicieux même, d'aborder la radicalisation et le terrorisme sous l'angle social. Cela laisse à penser que ces barbares seraient seulement des « enfants abandonnés de la République » à la santé mentale défaillante, des « déséquilibrés »... donc des irresponsables. Biaisée, cette analyse est à la fois scandaleuse et contre-productive, car elle laisse planer le doute sur l'ensemble des musulmans qui vivent dans les quartiers sensibles.

Par ailleurs, l'approche sociale est une appréhension fuyante du problème car elle minimise la dominante religieuse qui, chez beaucoup, motive l'accomplissement de ces macabres entreprises. Les terroristes islamistes comme les frères Kouachi étaient déterminés à tuer, à faire des centaines de morts, au nom de leur idéologie qui est une déviance de l'islam. Ils n'étaient ni « déséquilibrés » ni « dépressifs », c'est conscients et déterminés qu'ils ont emprunté la voie de l'islamisme meurtrier et nihiliste. Le nier et invoquer « l'excuse sociale » ou psychiatrique, comme cela semble devenu à la mode depuis le carnage de la Rambla de Barcelone fin août 2017, revient à sous-entendre que derrière chaque musulman pourrait sommeiller un terroriste déséquilibré ! Est-ce cela que souhaitent les Français de confession musulmane ? Je ne le pense pas.

Mais ouvrez enfin les yeux ! À cause du comportement et des provocations de certains qui se vautrent dans la victimisation et se mettent au ban de la communauté nationale en adoptant des pratiques religieuses directement inspirées du wahhabisme, les musulmans dans leur ensemble sont devenus suspects. Est-il là, notre idéal : être religieux avant d'être citoyen ?

Que ceux qui se réjouissent de cette régression prennent donc le premier vol pour l'Iran ou l'Arabie Saoudite : un peu de cohérence et de courage !

Allez trouver votre bonheur dans une théocratie et laissez-nous tranquilles, nous qui chérissons la démocratie et la République, nous qui souhaitons vivre en paix, loin de vos agitations rétrogrades. Les terroristes n'ont aucune excuse sociale : musulmans ou pas, immigrés ou non, ils sont des sanguinaires dégénérés qui veulent soumettre par la terreur et qu'il convient de pourchasser, d'isoler et d'éliminer définitivement.

Voilà où mène la culture de l'excuse sociale permanente et de la victimisation : être considérés comme des êtres à part, fragiles, incapables de réussir sans passe-droit et potentiellement terroristes à cause des inégalités et de la prétendue rancune envers la France et l'Occident.

Voilà où mène le communautarisme forcené des « leaders » de « la communauté musulmane ». En recourant à la victimisation permanente, ils ont sapé l'image des musulmans depuis plus de trente ans, au point de s'être fait les artisans du racisme et de la stigmatisation.

Sans doute ont-ils mal compris le proverbe arabe : « Qui veut faire quelque chose trouve un moyen, qui ne veut rien faire trouve une excuse. »

Combien de temps va encore durer le misérabilisme dans lequel certains – surtout « représentants » autoproclamés – aiment à se complaire sur les plateaux de télévision ?

Combien de temps va se déverser la logorrhée victimaire qui enferme les musulmans dans le camp de ceux qui préfèrent se plaindre plutôt que de se battre, dans le clan de ceux qui préfèrent se mettre en marge plutôt que de s'assimiler à la communauté nationale ?

En tout état de cause, si l'on pouvait entendre ou comprendre l'argument de l'excuse sociale à l'époque de nos parents et surtout grands-parents, il est tout simplement irrecevable aujourd'hui.

Voilà plus de cinquante ans que des musulmans, et notamment des Maghrébins, sont arrivés en France, parfois même plus d'un siècle pour les Kabyles. Alors, la « communauté » musulmane de France va-t-elle continuer longtemps à se chercher une place dans la société en culpabilisant celle-ci sur son prétendu rejet social et une prétendue volonté de ne pas l'accepter ? Où sont passés l'orgueil et la dignité ? Où a été enfouie la lucidité ?

Nous avons le bonheur d'être français. Être français, c'est être libre d'aller et venir, libre de s'exprimer, libre de choisir sa vie professionnelle et personnelle. Le bonheur d'être français, c'est aussi avoir la chance de vivre dans l'égalité, entre les hommes et les femmes bien sûr, mais également devant la loi, devant l'accès aux savoirs et à la culture grâce à l'école républicaine. Être français, c'est le bonheur de vivre dans un pays où la fraternité n'est pas un vain mot car la solidarité nationale accompagne chaque citoyen de manière bienveillante, comme dans les services publics par exemple. L'hôpital public est l'illustration la plus parfaite de la solidarité à la française, où tout le monde peut-être soigné quels que soient sa condition sociale, ses moyens et ses orientations sexuelles, politiques ou religieuses.

Mais pour comprendre ce bonheur d'être français, il ne faut pas considérer ce pays comme un guichet automatique.

Les bataillons de Français de confession musulmane, médecins, avocats, professeurs, cadres supérieurs, qui ont réussi leur assimilation et leur ascension sociale en France vont-ils persister à se taire et à laisser le discours victimaire les représenter, pire les incarner ?

Non, tous les Français de confession musulmane ne vivent pas dans une banlieue en zonant aux abribus.

Non, toutes les filles musulmanes ne portent pas le voile, même si elles sont – malheureusement – de plus en plus nombreuses.

Oui, il existe des filles qui se sentent françaises et femmes libres avant de se sentir musulmanes.

Non, les musulmans ne sont pas tous voués à la délinquance ou à l'oisiveté à cause de la prétendue faiblesse de leur niveau scolaire.

Non, la religion n'est pas « notre identité ».

Alors non, les musulmans en France ne sont victimes de rien, si ce n'est de la dureté de la vie, comme tous les autres Français. Ils ne sont victimes de rien, si ce n'est de leur cécité et de leur manque de courage lorsque la partie la plus dangereuse de la « communauté » prend et monopolise la parole pour promouvoir l'islam politique.

Aujourd'hui, combattre les discours victimaires qui déresponsabilisent, combattre les nouvelles formes fantasmées de persécutions – « l'islamophobie » – promues afin de déstabiliser la France et de censurer ceux qui, légitimement, critiquent l'islam et ses dérives, est indispensable. À force de marteler ce discours qui accuse notre pays de « racisme institutionnalisé » envers les musulmans, certains finissent par y croire. Par manque d'information mais surtout par paresse et facilité. Il est en effet toujours plus reposant de se considérer comme victime que d'être acteur de sa vie. « Victime de tout, responsable de rien » : voilà la seule perspective qu'offrent l'islam politique et ses satellites aux musulmans, où bien trop se laissent benoîtement enfermer. Et cela m'inquiète au plus haut point.

La France nous a donné les mêmes chances qu'à ses autres enfants, il faut cesser de se mentir à ce sujet plus longtemps. Continuer à faire l'autruche est insultant pour tous ceux qui se sont assimilés grâce au travail et aux efforts qu'ils ont su fournir. Ce n'est pas en rejetant la France que j'ai réussi à intégrer une grande école ou à devenir auteur. Mais en travaillant avec détermination et en restant sourde, toujours, aux discours des défaitistes et des tenants du déterminisme social. Dès qu'on me tenait des propos du genre : « Ce n'est pas pour toi », « Ça sera trop difficile vu le taux de réussite, c'est très sélectif ! », « Tu ne seras pas à ta place… », mon esprit s'échappait ailleurs, mes oreilles se fermaient et un sourire poli s'esquissait sur mon visage. Manière de signifier à mon interlocuteur, sans dire mot : « Cause toujours, tu m'intéresses ! » Entendre sans cesse des phrases de ce type est difficile à vivre car il s'agit de condescendance crasse et de mépris social, de racisme même, et je refuse de m'encombrer avec ce genre de médiocrités. Il faut laisser glisser pour avancer. Toujours. De fait, j'ai contredit leurs pronostics en acceptant les sacrifices nécessaires, en faisant preuve de ténacité même lorsque les vents étaient contraires.

En vérité, il n'existe pas de recette miracle. Nous avons les mêmes capacités que quiconque, nos pires ennemis ne sont pas l'autre mais l'autocensure et le complexe d'illégitimité. Je les connais aussi, et j'ai appris à les maîtriser, à les mettre sous le tapis – avec, j'admets, plus ou moins de succès. Je ne suis pas de ces enfants élevés comme la dernière merveille du monde, pleins d'assurance, qui ignorent tout du doute. « Remets-toi régulièrement en question pour devenir meilleure », me répétait mon père. « L'avantage quand on part d'en bas, c'est qu'on n'a pas grand-chose à perdre. Au pire, tu reviens à ta situation initiale. Alors tente, fonce ! » était l'autre leçon de mes parents… Humilité et audace, voilà l'équilibre à trouver.

Alors, en avant ! Avec enthousiasme ! Je suis une femme, jeune, née à l'étranger, musulmane, laïque et issue d'un milieu modeste. D'aucuns diraient que je cumule toutes les difficultés. Et il est vrai que je n'ai, *a priori*, pas le profil de ceux destinés à évoluer dans l'écriture ou la politique, milieux souvent préemptés par les « fils et filles de ». Qu'importe. Il faut progresser et faire du temps son allié. Travail, détermination, parfois sacrifices sont les clés de la réussite, et elles le sont pour tous. Les « minorités » ne sont pas plus malheureuses que les Français dits « de souche » issus des classes populaires. Les « excuses sociales » sont les alibis de ceux qui refusent l'autocritique et l'effort. En dépit de ces freins, qui ne sont pas insurmontables, nous connaissons – plus que quiconque – la chance et le privilège d'être français. N'oublions jamais que nos ancêtres ont fui des dictatures, des pays où la pauvreté était pour tous, l'injustice et la corruption les règles. Si certains, atteints d'une envie de revanche ou d'une crise de « haine de la France », avaient une rapide conversation avec des jeunes vivant de l'autre côté de la Méditerranée, cela saurait leur remettre les idées en place et les sortir de leur victimisation.

Troisième partie

Une indispensable révolution sexuelle

13

Une intimité encadrée par le Coran

Le Coran traite de tous les pans de l'existence d'un homme. Vie privée, sentimentale, famille, affaires, des sourates portent sur tous ces sujets. C'est en quelque sorte un code civil, pénal, familial... D'où les islamistes extraient les passages violents, misogynes, rétrogrades pour s'immiscer dans l'intimité des individus, les contrôler et phagocyter les sociétés. La lecture à la lettre du Coran leur permet de justifier l'intolérable, comme les violences faites aux femmes, la polygamie, la supériorité des hommes sur elles, l'antisémitisme, l'homophobie, le djihad. Le libre arbitre et les différences sont ainsi niés. Nous connaissons le sort réservé aux femmes suspectées (simplement suspectées) d'adultère dans certains pays : emprisonnées sans procès, condamnées à des coups de fouet, lapidées, brûlées à l'acide.

La destinée des femmes – éternelles mineures – ne leur appartient pas. Une condition dont l'origine trouve malheureusement sa source dans le Coran. « Les hommes ont autorité sur les femmes, en raison des faveurs qu'Allah accorde à ceux-là sur celles-ci [...], dit le texte sacré. Les femmes vertueuses sont obéissantes (à leurs maris) [...]. Et quant à celles dont vous craignez la désobéissance, exhortez-les, éloignez-vous d'elles dans leurs lits et frappez-les. Si elles arrivent à vous obéir, alors ne cherchez plus de voie contre elles, car Allah est certes Haut et Grand ! » (IV. 34 « Les femmes »). Une note de bas de page du Coran, dont je reproduis ce passage, précise que « Frappez-les » signifie « pas violemment, mais simplement pour les faire obéir » (!).

La misogynie, la mise sous tutelle et l'infantilisation des femmes sont parfaitement visibles, lisibles dans de nombreux passages du Coran. Une autre sourate assume la supériorité des hommes sur les femmes en ces termes : « Quant à elles, elles ont des droits équivalents à leurs obligations, conformément à la bienséance. Mais les hommes ont cependant une prédominance sur elles. Et Allah est Puissant et Sage » (II. 228 « La vache »).

En suivant point par point, à la ligne, le Coran, c'est bel et bien un islam rigoriste, enlisé dans le passé, qui domine. Un islam où l'encadrement des femmes est omniprésent. Leur héritage se voit par exemple précisément explicité : « au fils une part équivalente à celle de deux filles » (IV. 11 « Les femmes »). On est bien loin de l'égalité. Leur destin se résume donc à procréer et à servir l'homme.

Ces règles se sont diffusées dans la tradition des pays musulmans et ont été importées en Occident par les populations immigrées. Une partie de celles-ci est heureusement parvenue à rompre avec ces conceptions archaïques en ne vivant pas dans un huis clos communautaire qui oblige à vivre ici comme, jadis, ils vivaient là-bas. Mais les intégristes, profitant de la couardise des élus notamment, ont tout fait pour les remettre au goût du jour, ici.

Le plus désolant est que certaines de ces femmes font prospérer cette misogynie et cet asservissement. Cela leur permet de s'ériger en « mères la vertu » dans la communauté radicalisée, en donneuses de leçons, en juges moralisatrices qui bafouent et pourfendent les femmes éprises de liberté.

Les filles n'ont plus voix au chapitre et les petits caïds islamisés veillent à le leur rappeler. Les yeux se détournent de ces drames humains qui se produisent non pas en dehors de nos frontières mais bien chez nous, en France. On remarque ainsi une résurgence des mariages intracommunautaires et intrareligieux (sous condition de conversion), signes d'un repli identitaire toujours plus fort. Nous avions cru cela derrière nous, c'était sans compter sur le travail de déconstruction minutieuse des islamistes.

Cette régression activée par les intégristes – je l'ai déjà signalé – a des conséquences lourdes sur la perception des musulmans par le reste de la communauté nationale. Forcément, la défiance, la peur, l'incompréhension apparaissent et s'amplifient : « ils ne sont pas comme nous », « ils restent entre eux », « ils vivent comme des arriérés », « regardez la façon dont ils traitent leurs filles » sont des commentaires, hélas, courants. Comment pourrait-il en être autrement ?

Que mon propos soit clair, je ne dénonce pas tous les mariages conclus au sein d'une seule communauté ni n'érige les unions mixtes en norme à suivre, je veux qu'on laisse aux individus le libre arbitre de leurs vies sentimentale et de couple. Or, ce n'est pas le cas aujourd'hui en France, dans certains quartiers ni au sein de certaines familles, où il est inconcevable et même dangereux d'aimer ou d'aspirer à partager le quotidien d'un non-musulman. Malheureusement le Coran annonce clairement ce rejet de la mixité religieuse dans les couples avec en conclusion une menace : « Ne donnez pas d'épouses aux associateurs tant qu'ils n'auront pas la foi, et certes, un esclave croyant vaut mieux qu'un associateur[1] même s'il vous enchante. Car ceux-là [les associateurs] invitent au Feu ; tandis qu'Allah invite, de par sa Grâce, au Paradis, et au pardon. Et il expose aux gens

1. Un non-musulman.

ses enseignements afin qu'ils se souviennent ! » (II. 221 « La vache »).

Ce type de régression est tel, aujourd'hui, qu'on voit des familles multiplier les demandes de « contrôle de virginité » de jeunes filles à peine pubères. Elles sont obsédées par la préservation de la « pureté et de l'honneur » de leur famille, laquelle se résumerait donc à la présence, ou non, d'une fine membrane à l'entrée du vagin de leur fille. Certains gynécologues, tel le professeur Israël Nisand, dénoncent les « certificats » régulièrement demandés durant les préparations de mariage ou en contrôle continu. Des professionnels de la santé se retrouvent, de fait, confrontés à des situations inconfortables, tant accepter de « certifier la virginité » de jeunes filles à des parents revient à se rendre complices d'atteintes graves à la dignité de la personne et à l'égalité homme-femme. Le professeur Nisand a ainsi évoqué le cas d'une famille venue le voir afin d'obtenir un certificat pour une fillette de onze ans ! Le pire – et le piège –, c'est que refuser de fournir ce genre de document peut mettre en danger les jeunes filles elles-mêmes, certains parents les croyant alors coupables d'avoir « fauté » et risquant de leur faire subir de violentes représailles.

Une question, dès lors, surgit : comment la République peut-elle tolérer de telles demandes ?

Je ne blâme pas, ici, les professionnels de santé qui doivent faire face à ces requêtes moyenâgeuses, mais je souhaite que les pouvoirs publics ne se rendent plus complices de telles dérives qui piétinent la dignité individuelle. Comment peut-on accepter que ces « contrôles de virginité », généralement considérés comme une consultation classique de gynécologie, soient remboursés ?

Notre système social n'ayant pas vocation à être solidaire des dérives rétrogrades de l'islamisme, ce type d'exigence obscurantiste doit être interdit. La sécurité sociale, l'ordre des médecins et des gynécologues, la ministre de la Santé doivent se prononcer pour affirmer qu'en France il est interdit de procéder à un « contrôle de virginité ». En attendant que ce texte voie le jour, j'estime que le remboursement de l'acte ne doit pas avoir lieu. Je refuse que les deniers publics servent des monstres qui considèrent encore qu'une femme n'a de valeur que si elle est vierge.

À travers ce repli religieux, y compris dans les relations amoureuses, c'est un rejet de la diversité et de l'altérité qui s'exprime et se voit justifié « au nom d'Allah ». C'est également une forme nouvelle de mise sous tutelle du corps des femmes qui vise à réaliser l'idée fascisante du « musulman de souche » à l'incontestable « pureté ». Pour les intégristes, il est indispensable qu'aucun « ventre » n'échappe à l'*oumma*. Comme chez les nazis, les islamistes cherchent à transformer les femmes en génitrices des futurs soldats de l'islam conquérant. À leurs yeux, aucun enfantement ne doit se faire hors de l'influence de celui-ci. Telle est la véritable motivation qui se cache derrière les prêches incendiaires insistant sur le retour aux mariages intracommunautaires et à la radicalisation des femmes.

Des propos qui finissent par influencer nombre de musulmans, poussant certains à plus de rigorisme sans toujours percevoir le danger pervers de leur geste. Nombreux sont les jeunes filles et jeunes hommes qui, pour accepter un amour avec une personne de confession différente, obligent cette dernière à se convertir car les mariages avec « un associateur » sont interdits. Un acte quasi anodin lorsqu'il s'agit d'une femme (il suffit de réciter la *chahada* – profession de foi de l'islam)... mais qui nécessite pour les hommes les plus zélés de se circoncire.

Un racisme qui ne veut pas dire son nom naît sous nos yeux. Il est fait de rejet de l'autre, de violence et d'un sentiment de supériorité. Les esprits sont encore trop imprégnés de l'héritage de SOS Racisme pour accepter de le voir. Oui, ceux que l'on considère comme les victimes exclusives de racisme peuvent – eux aussi – être racistes. Encore une fois, ceux qui subiront les effets dévastateurs de ces comportements arriérés seront lesdits « modérés ».

14

L'homosexualité condamnée

Nous avons découvert ces derniers mois, à travers les vidéos d'exécutions diffusées par Daech, des hommes tenus par les pieds, lâchés dans le vide depuis les toits d'immeubles, lapidés ensuite car condamnés pour « sodomie » ou simple suspicion d'homosexualité.

Les pays musulmans sont, majoritairement, encadrés par des lois d'inspiration religieuse qui pénalisent l'homosexualité. Dans le Coran lui-même, l'homosexualité est décrite comme une abomination, considérée comme une perversité. « Vous assouvissez vos désirs charnels avec les hommes au lieu des femmes ! Vous êtes bien un peuple outrancier », dit une sourate (VII. 81 « Al-A'raf »). « Et nous avons fait pleuvoir sur eux une pluie de roches. Regarde donc ce que fut la fin des criminels ! » ajoute une autre (VII. 84 « Al-A'raf »). Cette « déviance » ne peut, aux yeux des textes islamiques, qu'être traitée par la mort.

Dans un tel climat d'opprobre, l'opinion publique de l'immense majorité des pays musulmans condamne l'homosexualité. La vision des homosexuels qu'ont les salafistes, les Frères musulmans et autres tenants d'un islam rigoriste est on ne peut plus effrayante. Pour eux, l'homosexualité n'est pas un « simple » péché mais un crime que seule une condamnation à mort peut absoudre. Une vision malheureusement légitimée par une lecture littérale du Coran. Les passages appelant à l'extermination des homosexuels n'y manquent pas : « Accomplissez-vous l'acte charnel avec les mâles de ce monde ? » (XXVI. 165 « Les poètes »), s'offusque l'un. « Il dit : Je déteste vraiment ce que vous faites » (XXVI. 168 « Les poètes »), ajoute un autre. « Nous les sauvâmes alors, lui et sa famille », « Sauf une vieille qui fut parmi les exterminés », « Puis nous détruisîmes les autres », « Et nous fîmes pleuvoir une pluie de pierres. Et quelle pluie fatale pour ceux qui sont avertis ! » (XXVI. 170 à 173 « Les poètes »). Des écrits ancestraux dont les menaces sont affreusement d'actualité et sur lesquels s'appuient les islamistes aujourd'hui pour justifier leurs crimes homophobes.

Le témoignage d'Adnan, jeune réfugié irakien gay, le 24 août 2015, lors de la première réunion consacrée aux droits des homosexuels devant les membres du Conseil de sécurité de l'ONU, fut à ce sujet d'une douloureuse vérité pour tout humaniste. « Dans ma société, être gay signifie la mort, et lorsque l'EI tue des homosexuels, la plupart des gens sont contents », expliquait-il.

Les autorités religieuses portent, à ce sujet encore, une lourde responsabilité. Leurs discours ne font pas évoluer leurs peuples d'un iota. Et pour cause, elles-mêmes condamnent avec violence cette liberté d'aimer, d'être différent et de vivre en accord avec soi-même. Elles préfèrent, *a minima*, l'hypocrisie de sociétés enkystées par le poids d'une morale religieuse qui n'invite ni au progrès ni à l'esprit critique, encore moins à la tolérance et à la liberté, quand elles n'incitent pas (on l'a vu avec Daech ou les talibans) aux meurtres mêmes. L'imam gay Ludovic-Mohamed Zahed, dans une interview au *Spiegel* reprise par *VSD*, ne dit pas autre chose lorsqu'il a eu le courage de déclarer : « Les musulmans radicaux, dans leur représentation de l'islam, il n'y a pas de place pour l'homosexualité. [...] Ce sont des fascistes, qui persécutent les minorités religieuses et ethniques. »

Le massacre d'Orlando en juin 2016 est, à ce propos, édifiant. Des jeunes hommes ont été décimés à la kalachnikov dans une boîte de nuit parce qu'ils faisaient la fête et que certains étaient homosexuels. La tuerie homophobe a été revendiquée par Daech dans un bulletin sur Al-Bayan en ces termes : « Dieu a permis au frère Omar Mateen, un des soldats du califat en Amérique, de mener une *ghazwa* [terme islamique pour désigner une attaque] durant laquelle il est parvenu à entrer dans une boîte de nuit des sodomites dans la ville d'Orlando [...] et à tuer et blesser plus de 100 d'entre eux. » Le pire ne fut pas la revendication de Daech, dont on connaît les convictions nauséabondes, non, le pire, ce furent le soutien et les justifications que l'on a pu lire sur les réseaux sociaux, en France, de ceux qui n'étaient déjà pas *Charlie*... Pour eux, les victimes n'étaient que des « pédés ». Le pire, aussi, fut de lire par la suite que l'auteur du massacre était sans doute lui-même un homosexuel tiraillé, ne pouvant assumer son moi profond à cause de sa famille et de la façon dont ses coreligionnaires perçoivent ce sujet.

Je crois que le rapport à l'intimité, l'acceptation de ses désirs, la sexualité pour le plaisir horrifient les intégristes. Incapables d'assumer le plaisir pour le plaisir, la jouissance pour la jouissance, incapables de faire face, ils préfèrent voir disparaître ce qu'ils ne comprennent pas, ce qui les révulsent ou... agacent. Ils cachent les femmes, nient leurs désirs charnels, n'évoquent jamais la sexualité féminine, encore moins l'homosexualité féminine... tant ils préjugent que les femmes n'ont aucun désir. D'ailleurs, dans leur doctrine rétrograde, archaïque et immonde, celles-ci ne s'appartiennent pas, mais appartiennent à la société, à la famille, au père, au frère, au mari. Elles déambulent, dépossédées de leurs corps, de leurs désirs, de leurs avenirs. Elles sont préparées à vouer leurs vies à la satisfaction de l'homme. Ils les renvoient à un statut de procréatrices, pouvoir suprême que les islamistes ne supportent pas pour autant. Donner la vie aux hommes qui doivent ainsi tout à la femme… les islamistes ne s'en remettent pas. Être issu de l'« origine du monde » leur est si insupportable qu'ils ont organisé un contrôle drastique des femmes, niant leur pouvoir érotique et sensuel, le cachant avec une obsession terrifiante. Le contrôle monomaniaque du corps féminin est en vérité l'aveu d'une virilité chancelante.

Ils font de même avec les homosexuels, qu'ils préfèrent persécuter, torturer, assassiner. La tuerie d'Orlando, perpétrée par un islamiste aux penchants gay, on l'a vu, comme le fait que l'auteur de l'attentat de Nice sortait avec des filles et des garçons montrent qu'à défaut, ou dans l'impossibilité d'assumer leur vie, ils préfèrent anéantir ceux qui l'assument et l'assouvissent pleinement. En fait les fascistes, dont les islamistes, détruisent toujours ce qu'ils ne peuvent maîtriser. « L'islamisme est un attentat contre le désir », écrivait à juste titre le courageux Kamel Daoud en janvier 2016, dans un article publié à la suite des viols de Cologne par le quotidien italien *La Repubblica*.

Ce rapport dévoyé, endoctriné, aux femmes comme à la sexualité dans la plupart des pays arabes débute dès le plus jeune âge. Les garçons sont ainsi élevés dans le culte de la force, de la virilité, du « grand frère ». Celui qui est différent n'a pas d'autre choix que de se morfondre dans le mensonge ou de s'imposer un exil qui évitera à sa famille le « déshonneur » et l'isolement social. Combien de jeunes gays musulmans ont une double vie, éternels « célibataires », parfois même mariés à une femme avec des enfants, encore en 2016 ? Et pour cause, il est suicidaire de s'assumer ouvertement homosexuel dans certains pays ou quartiers communautarisés : le risque d'être harcelé, agressé, molesté, voire pire, est réel, nombre d'exemples le montrent. La France d'aujourd'hui, que l'on présente souvent comme moderne, ouverte, tolérante, est-elle épargnée par ces attitudes inhumaines ? Hélas, non. Une grande partie des jeunes des quartiers populaires biberonnés à l'islamisme, et souvent délinquants, ont fait leur cette homophobie. Certains n'hésitent pas à pourchasser les gays qui ont le malheur d'habiter dans « leurs » quartiers. Il est triste et affligeant de constater que, même en vivant, parfois en naissant, dans un pays de tolérance, ils ne parviennent pas à s'éloigner de ce racisme sexuel. Comment leur expliquer que la fréquentation d'un homosexuel ne réduit pas la « virilité » de l'hétérosexuel qu'ils prétendent être ? Se rendent-ils compte que leur comportement est ni plus ni moins un délit ?

15

Une révolution sexuelle pour libérer les musulmans

Il y a un véritable problème de rapport à la sexualité au sein de la culture musulmane, où les tabous et interdits dominent tout, partout. Dans beaucoup de familles, on n'évoque ces choses-là qu'à la veille de la nuit de noces, et encore à demi-mot, pour préparer la future mariée ! Or la négation de la sexualité fait naître d'intenses frustrations. La jeunesse est condamnée à vivre cachée pour exulter, mais avec comme épée de Damoclès au-dessus d'elle « le regard de Dieu », « la morale » et la « tradition »… L'hypocrisie domine dans les rapports entre hommes et femmes, l'obsession du corps féminin croît au fur et mesure que celui-ci est sommé de disparaître sous des mètres de tissus sombres. Avec une telle chape de plomb, comment une relation homme-femme (homme-homme/ femme-femme) pourrait-elle s'assumer au grand jour et quitter la catégorie du « péché » ?

La culture du refoulement héritée de la religion génère des comportements schizophréniques qui poussent certains aux crimes les plus ignominieux.

Or l'acceptation des autres passe d'abord par l'acceptation de soi, avec ses forces, ses faiblesses et ses passions. La sexualité fait partie intégrante du processus de développement psychologique. Si elle est mal vécue, refoulée et encadrée, l'individu devient incapable de faire l'arbitrage entre ses désirs et la pression sociale qu'il subit, d'où des difficultés de positionnement et de rapport à l'altérité.

Les sociétés musulmanes normalisent cette schizophrénie. Elles préfèrent cacher, vivre dans le mensonge et la peine plutôt que d'accepter la différence. L'injonction de refoulement, omniprésente, permet d'exercer un contrôle social sur la sexualité et l'intimité des individus. Aujourd'hui, ce qui existe dans les pays musulmans a été importé en France et en Europe. Le contrôle de la sexualité de l'autre, le culte de la virginité, le refus de la mixité, la condamnation de l'homosexualité sont érigés en règles dans de nombreux quartiers. La liberté sexuelle étant un progrès acquis de longue lutte contre les conservatismes religieux, nous ne devons pas accepter d'y renoncer et céder face à ceux qui voudraient l'effacer dans certains de nos territoires. L'islam intolérant prend ici – une fois encore – le dessus. Déterminé à tout contrôler, tout légiférer – jusque dans la culotte de ses fidèles –, il a érigé l'intolérance en vertu.

À mes yeux, c'est une accélération de l'Histoire que doivent enclencher les pays de « culture musulmane » et les musulmans. En s'appuyant sur l'exemple européen qui a depuis un siècle entamé sa révolution laïque, démocratique, émancipatrice, notamment celle des femmes qui se sont farouchement battues pour conquérir leurs droits. Une modernisation indispensable qui ne pourra se faire sans révolution sexuelle.

La jeunesse étouffe sous le poids des interdits, tabous et traditions. Les tourments adolescents sont universels, mais la liberté de vibrer pour ses passions, de céder à la tentation, de choisir librement et d'exulter ne l'est pas encore aux yeux de nombreux musulmans. La prédominance du religieux dans les pays musulmans et chez une partie des fidèles d'Occident entrave leur vie. C'est une jeunesse torturée par des injonctions contradictoires à laquelle on impose d'ignorer ce que la nature réveille en elle. Quitte à se perdre. Les excès de conservatisme rétrograde, d'interdits grotesques au nom de la « décence » et d'ingérence familiale finissent par sexualiser ce qui, ailleurs, ne l'est plus depuis des décennies. En enfermant les cheveux, les mollets, les chevilles, les bras des femmes, les intégristes – paradoxalement – les ont sexualisées plus que jamais. Une bise anodine, signe de salut amical élémentaire, finit par devenir, aux yeux de certains, un geste d'un érotisme insoutenable. Une amourette adolescente ou quelques baisers chastes échangés font d'une jeune fille la putain de la famille… Et celle qui osera discuter avec un homme, sourire, porter un jean et un tee-shirt sera perçue comme « trop libre », « dévergondée ».

C'est par cette absence de rapport entre les deux sexes, par cette omniprésence de l'illicite que s'expliquent en partie les viols de Cologne. Les interdits font le nid des frustrations qui génèrent la violence. Entravée, condamnée à ronger son frein et à se soumettre à ces sociétés de prohibition, une certaine jeunesse se perd lorsqu'elle est confrontée à la liberté qui, pour elle, signifie « débauche » et « disponibilité ».

Un immense fossé sépare ces deux mondes. Le premier, où nous avons la chance de vivre, est fait de liberté et de droits. Le second, que les islamistes rêvent d'importer, est celui des interdits et des péchés. Vouloir imposer la vertu partout amène à voir le vice partout… installant ainsi l'idée selon laquelle derrière chaque situation peut se cacher une arrière-pensée sexuelle. Le sexe est indissociable de la vie, tenter de le bannir, c'est le rendre omniprésent.

« Il est interdit d'interdire », le fameux slogan de Mai 68 prend tout son sens appliqué aux pays musulmans. Et, désormais, à une certaine France aussi. Pudibonderie et puritanisme sont les signaux d'une société où le religieux reprend le pas sur le politique. Parce que les interdits développent les frustrations qui génèrent de la violence, il faudra des révolutions pour faire de l'islam exclusivement une spiritualité et séparer le politique du religieux. Le Printemps arabe n'était, je l'espère, qu'une première étape vers une véritable révolution sociétale et sexuelle, qui renverra les gardiens d'un monde moyenâgeux et hypocrite à la retraite. Une révolution salutaire qui imposera enfin la mixité, l'émancipation des femmes, l'esprit critique, la démocratie et la liberté sexuelle pour tous.

Quatrième partie

Les femmes au cœur de la stratégie de l'islam politique

16

Les tenues islamistes, des outils de propagande

Instrumentaliser les femmes pour démontrer la forte avancée de l'islamisme et la part croissante de la « communauté » qui le rejoint constitue une sorte de « communication mobile » de l'intégrisme. Les femmes voilées, entièrement cachées, sont semblables aux hommes-sandwichs d'autrefois, des supports publicitaires pour des marques peu regardantes sur la dignité de la personne. De fait, l'espace public, comme les universités, les entreprises, les hôpitaux, les écoles, voit se multiplier ces signes de radicalisation, lieux où ces porte-drapeaux viennent faire des démonstrations de force. Le voile indique cette poussée, il est visible et mémorable. Il marque son territoire. Certains élus, par clientélisme, face à cette extension visible, habillent d'« humanisme » et de « liberté individuelle » leur lâcheté et leur soumission. D'autres résistent avec les plus grandes difficultés. Chaque incident, chaque polémique permet aux islamistes de créer un précédent. Une porte a été enfoncée, une autre le sera, une institution a été testée, une autre le sera. Ils reviendront donner d'autres coups de boutoir, encore et encore, eux qui testent inlassablement l'école publique depuis de nombreuses décennies. Celle-ci a manqué céder, mais, pour l'instant, elle tient encore.

On me dira que je fantasme quant à la symbolique du voile. Rassurez-vous, mes fantasmes portent sur d'autres sujets. Mais si le voile n'était que spirituel, « traditionnel », ne pourrait-il faire l'objet d'un port plus discret ? Les islamistes aiment les comparaisons avec les juifs (qui les obsèdent, tant ils ont du mal à cacher leur antisémitisme). Ils citent parfois le cas des femmes juives orthodoxes portant des perruques ou des bonnets noirs. Si je déplore cette tradition et la juge rétrograde, néanmoins force est de reconnaître qu'il s'agit d'une pratique beaucoup plus discrète et respectueuse de la France et de l'Occident que le port du voile, du niqab, du jilbeb, de la burqa des islamistes. D'un côté, il y a une pratique discrète, de l'autre, un exhibitionnisme religieux, sûr de lui, de sa supériorité, qui vise à s'imposer à tous. Par ailleurs, comparer le niqab à une croix autour du cou ou à la kippa comme d'aucuns le font est d'une bêtise affligeante… En effet, pour que la comparaison soit acceptable, il faudrait que la croix soit aussi grande que la personne qui la porte et que la kippa atteigne la taille d'un parasol ! Il me semble que nous n'en sommes jamais arrivés là chez les catholiques et les juifs.

En suivant cette logique et cette question d'échelle, le voile, s'il avait seulement vocation à cacher les cheveux, pourrait être remplacé par un fichu discret. Cela serait un premier pas d'apaisement, peut-être un début de réappropriation de liberté. Féministe, j'estime qu'une femme n'a pas à cacher sa chevelure ni par « pudeur », ni par « respect pour l'homme », ni pour Dieu. Cependant, au vu de la régression sans précédent des droits des femmes, notamment musulmanes, nous pourrions nous réjouir de cette avancée *a minima*. Réaliste, je me doute qu'une telle initiative de sobriété religieuse est malheureusement impossible car elle nuirait aux objectifs de l'islam politique qui a fait du voile et de ses dérivés vestimentaires des outils de propagande dont les cinq piliers pourraient se résumer à :

1) Toujours plus visible, ton voile sera.
2) Dans les lieux publics, fièrement tu l'arboreras.
3) Face à l'autorité tu refuseras de l'ôter, car tu ne respecteras que les lois d'Allah.
4) L'incident, tu médiatiseras.
5) La République, tu attaqueras.

17

Flatter la « pureté » pour mieux enfermer

« Ma femme est un diamant, je dois la préserver des regards des autres hommes », répètent en boucle les islamistes. Cette « flatterie » est l'un des leviers psychologiques fréquemment mis en avant pour faire entrer les femmes musulmanes d'Occident dans une servitude volontaire et désormais militante. Flatter pour mieux enfermer, voici la méthode. Face à elle, évitons de rappeler que la beauté est subjective, évitons de souligner le peu de considération pour les femmes qui empruntent la voie de la liberté que ce propos signifie : sont-elles considérées comme impures ? Laides ? À la disposition de tous les hommes, comme l'a suggéré un jour devant une classe d'élèves de quinze à dix-sept ans d'une école suisse le frère de Tariq Ramadan, Hani Ramadan, en disant : « Une femme est comme une perle dans un coquillage. Si on la montre, elle crée des jalousies. Ici, la femme sans voile est comme une pièce de 2 euros. Visible par tous, elle passe d'une main à l'autre[1] » ? Un

1. Hani Ramadan, directeur du Centre islamique de Genève, invité à s'exprimer devant de jeunes élèves du

propos qui dit tout du mépris que les islamistes éprouvent envers les femmes non voilées. Une phrase qui dit tout du sentiment de supériorité des tenants de cet islam et de la manière dont ils manipulent les femmes.

Il est aisé de convaincre une jeune fille de porter le voile, surtout lorsqu'elle habite un quartier majoritairement musulman. Comment pourrait-elle, en effet, échapper à la pression quotidienne ? Comment refuser d'être dans le camp des « pures », des « respectables », vu ce que l'on dit ou inflige aux rebelles ? Comment porter, seule, sur ses frêles épaules, la stigmatisation quotidienne d'être considérée comme une « vendue », qualifiée de « pute », et menacée physiquement ?

Les islamistes dictent les conduites à suivre dans les quartiers. Et malgré son indigence intellectuelle, cette minorité agissante, identifiable par ses tenues, fait chaque jour plus de dégâts, séduisant celles et ceux qui ne peuvent assumer d'être mis au ban de la « communauté ». Personnellement, très jeune, j'avais compris que mon

---

Centre de la transition professionnelle, La Coulouvrenière (Suisse), le jeudi 9 juin 2016. De nombreux journaux ont écrit à ce sujet, dont *Marianne*, le 12 juin de la même année, dans l'article « Hani Ramadan : "La femme sans voile est comme une pièce de 2 euros, elle passe d'une main à l'autre" ».

style vestimentaire, féminin, avec jupes et robes, dérangeait profondément les barbus et leurs apprentis. Je me souviens qu'un jour, en sortant du collège de Roubaix, alors que j'attendais le bus pour rentrer, un « emploi jeune », aussi appelé « dispositif grand frère », est venu me sermonner à cause de ma tenue. Ce barbu à la dégaine de « lascar », fraîchement sorti de prison, m'agaçait prodigieusement, alors je n'avais pas mis longtemps à lui répondre : « J'ai pas de leçon à recevoir de vous. J'ai un père et une mère. Vous n'êtes pas un exemple, être “grand frère”, ça veut dire que vous avez raté votre vie. » Je n'étais pas très diplomate… Heureusement, le bus arriva à ce moment-là et il eut juste le temps de me lancer : « Fais attention, et fais pas ta maligne… » Ces énergumènes, que la municipalité tentait d'occuper en échange d'un peu de paix sociale, m'horripilaient au plus haut point. Sous couvert de faire régner le calme dans les quartiers, ils exerçaient une pression machiste supplémentaire, un paternalisme crasse (que les autorités ne leur avaient en rien délégué évidemment, mais dont eux se sentaient investis) dans la vie des ados. Ils se présentaient en « sages », arrogants et machos, ils contrôlaient uniquement les filles et déversaient sur elles une morale pseudo-religieuse. Chez beaucoup d'entre eux, la révélation divine était à vrai dire bien récente, souvent apparue dans leur cellule de prison.

Depuis, je considère que le port de la jupe est un acte politique. Des années plus tard, une ancienne ministre m'interrogea sur mon habitude de porter cette tenue. « Tu es coquette, toujours si jolie avec ces minijupes... », dit-elle. Ayant compris le sous-entendu, je lui expliquai que lorsqu'on est née en Algérie, qu'on a grandi à Roubaix et que l'on est musulmane, s'habiller ainsi ne relève pas de la séduction mais de l'engagement. La jupe est politique. Je n'entendais donc pas y renoncer pour me fondre dans les « codes » de ce monde. Face à la montée de l'islamisme, la féminité est un combat politique quotidien, mon devoir est d'exprimer cette résistance. C'est aussi de marquer ma solidarité avec les jeunes filles de nombreux quartiers, qui aimeraient pouvoir vivre leur féminité en toute insouciance, mais se voient contraintes d'y renoncer, obligées de se cacher sous des djellabas, de longs gilets qui gomment les formes ou des survêtements. Aujourd'hui, à l'exception du combat constant d'Élisabeth Badinter, rares sont les politiques et les féministes qui ont le courage de dénoncer cette tragédie sans craindre l'opprobre et l'avanie.

Des images ont marqué mon parcours de femme. Dont celles des pays musulmans qui ont basculé dans l'islamisme, comme l'Algérie des années 90 ou l'Iran de la révolution islamique. La détresse et l'injustice qui s'en dégagent m'obligent.

Je pense notamment à celles du 8 mars 1979, jour où des milliers de femmes ont défilé à Téhéran en scandant : « La liberté n'est ni occidentale ni orientale, elle est universelle ! » Elles tentaient de défendre leurs droits car, ce jour-là, c'est le port du voile obligatoire dans les lieux de travail qui avait suscité la révolte. En face, les islamistes hurlaient : « Ni occidentale ! Ni orientale ! La République islamique ! », énième preuve que ceux-ci ne semblent jamais aussi heureux, dans un état second, quasi orgasmique, que lorsqu'ils enferment et anéantissent les droits des femmes.

Hier comme aujourd'hui, là-bas comme ici, le voile est une prison. Les islamistes avançaient déjà, alors, des arguments fallacieux pour en expliquer « l'intérêt » : « pour le bien » des femmes, « pour préserver l'honneur », « par pudeur », « par respect de l'islam », « pour qu'elles soient respectées ». Aujourd'hui, en France, les talibans des cités et leurs collaboratrices féminines recourent aux mêmes arguments de mauvaise foi. Étrange écho, au pays de la liberté, que d'entendre des discours remontant du tréfonds de l'obscurantisme religieux !

L'islam politique entend bel et bien maintenir les femmes de l'*oumma* sous sa coupe et les instrumentaliser. Cet islam-là mise même sur elles pour faire plier l'Occident. Valorisées, respectées, indispensables en tant que futures « mères », elles trouvent, grâce au port du voile, une place et une utilité au sein du groupe... Peut-être voit-on, ici, l'une des premières pistes susceptibles d'expliquer la montée en puissance du port du voile chez les jeunes filles de France comme d'Occident.

La lutte contre le voile est l'un des points essentiels de la révolution culturelle que les musulmans républicains doivent entamer. Ne soyons pas dupes : ce bout de tissu est devenu le symbole de la puissance de l'intégrisme islamique, un outil politique d'une redoutable efficacité. L'intransigeance avec laquelle il est défendu le montre. S'il se résumait à un simple « foulard », à la perpétuation d'une « tradition culturelle » – comme aiment à le décrire ses plus fervents défenseurs –, ces derniers ne s'acharneraient pas autant à le faire porter. Le voile poursuit en vérité trois objectifs : *primo*, banaliser sa portée symbolique en habituant notre œil ; *secundo*, démontrer la toute-puissance de l'islamisme en Occident ; *tertio*, modifier nos principes fondamentaux.

À travers l'instrumentalisation des femmes voilées, les intégristes visent la soumission de nos lois et de nos institutions aux desiderata d'un islam politisé. Ils comptent sur la faiblesse, le manque de persévérance, d'endurance de nos élus, pouvoirs publics et institutions, certains que tous finiront par baisser la garde et s'adapteront, par « ouverture » et « bienveillance ». Ils feront dès lors entrer le mal islamiste dans le modèle occidental.

Et, en cas de refus, la réplique sera (elle l'est déjà) facile : ils hurleront à l'islamophobie, à la discrimination, et appelleront les éléments modérés de la communauté à la solidarité. C'est précisément ce projet qu'il faut refuser !

La fermeté, le refus des compromissions, des pays musulmans tentent d'en faire leur ligne de conduite. Le Maroc a, par exemple, interdit en 2016 la fabrication et la commercialisation de la burqa. Quant au burkini, il est banni des piscines. Habib Bourguiba, premier président de la Tunisie moderne, avait, dès janvier 1957, grâce au « code du statut personnel », interdit le port du voile à l'école et dans les entreprises, et aussi encouragé les femmes à se dévoiler – ce qu'elles ont fait puisque, dès lors qu'elles ont le choix et la loi de leur côté, elles n'hésitent pas à préférer la liberté ! Ce programme de laïcisation et d'émancipation avait été lancé parce que cette grande figure considérait que la modernisation et la vitalité d'un pays étaient étroitement liées à la condition des femmes.

Le déclin de la France et de l'Occident pourrait-il, à l'aune de cet exemple, s'expliquer, aussi, par le recul des droits, notamment des femmes, que tentent d'imposer les islamistes ? Je le crains, tant, ici, on tergiverse, paralysés par l'hésitation, alors que nous ne sommes en rien un pays musulman ! Je suis donc favorable à ce que nous légiférions chaque fois qu'une nouvelle provocation religieuse émerge. Nous l'avons déjà fait, mais bien trop lentement. Faut-il rappeler qu'il a fallu quatorze ans pour édicter un texte contre le port du voile à l'école ! Nous l'avons fait oui, mais souvent avec trop de pusillanimité et une vision timorée. Faut-il rappeler aussi qu'il existe une loi contre la burqa mais que le montant des amendes infligées à celles qui la bafouent est si faible qu'il n'empêche pas certaines femmes de continuer à l'arborer, menaces bien trop modestes pour être efficaces – qui plus est battues en brèche par la couardise de certains maires donnant à leur police la consigne d'éviter les contrôles par peur des débordements. Nous devons le faire pour l'université, où les jilbebs s'affichent impunément et mettent mal à l'aise professeurs comme élèves. Le temple du savoir émancipateur ne saurait accepter les habits de l'asservissement. Nous devons interdire ces signes d'aliénation de la femme et de provocation islamistes sur les plages, dans les services publics, dans les secteurs de la petite enfance, dans les entreprises publiques et privées pour les employés comme les usagers. Cela est possible, mais pour le moment, seuls manquent le courage et la volonté politique. La décision de la Cour de justice européenne du 14 mars 2016 stipule qu'« une règle interne d'une entreprise interdisant le port visible de tout signe politique, philosophique ou religieux ne constitue pas une discrimination directe ». Autrement dit, refuser le port du voile dans le règlement intérieur d'une société ne représente en rien une discrimination.

Cette décision fut vécue comme un soulagement par nombre de chefs d'entreprise confrontés à la poussée du communautarisme islamique et régulièrement menacés de procès pour discrimination. Elle délivre un message fort et constitue aussi une invitation à poursuivre le combat contre les intégristes. Chaque fois que cela sera nécessaire, nous devrons légiférer. La loi de la République doit se dresser, tel un mur infranchissable, devant l'islam politique.

18

La mode islamique ou la soft islamisation

La mode a toujours accompagné les mouvements de société. Elle a, par exemple, servi d'arme pour entamer la libération du corps de la femme. Gabrielle Chasnel, Coco la scandaleuse et l'excentrique, à partir des années 20, avait créé la polémique en proposant des jupes raccourcies, des matières masculines comme le tweed et le jersey, des petites robes noires pour le soir… Comble de la provocation, elle osait les pantalons et les polos, jusque-là exclusivement réservés aux hommes ! Aux chroniqueurs qui s'offusquaient de ces nouvelles silhouettes, elle répliquait : « Il n'y a pas d'autre beauté que la liberté du corps ! »

Même scandale des décennies plus tard lorsque Courrèges démocratisa la minijupe et qu'Yves Saint Laurent osa présenter un smoking pour femme. Ils accompagnaient la révolution des mœurs et, ainsi, la renforçaient. Les femmes ne voulaient plus vivre sous le joug masculin, désiraient intégrer le monde du travail et devenir seules maîtresses de leur corps et de leur destin. La mode a participé à leur libération en accompagnant, à sa manière, les grandes victoires émancipatrices et démocratiques du temps : droit de vote, possibilité de travailler sans accord du mari, autorisation d'avoir un compte bancaire sans l'approbation de ce dernier, accès à la contraception, à l'IVG.

Près d'un siècle après les premières transgressions libératrices de Mademoiselle Coco, ce sont les conventions et l'enfermement de la « mode islamique » qui ouvrent ce nouveau millénaire. Quelle régression terrible. Une ère de pudibonderie promue par une industrie qui évalue le marché islamique à près de 500 milliards. On a ainsi vu de grandes griffes céder au mercantilisme en osant présenter des vêtements répondant aux diktats islamistes. C'est sans doute pour cela que de grands noms comme Dolce & Gabbana se sont corrompus en lançant des collections « pudiques » et que les magasins GAP présentent dans certaines vitrines des affiches avec mannequins voilées.

La dimension politique de la mode islamique est à craindre, tant celle-ci propose une transformation de la société et de ses représentations. En cachant les femmes, la féminité, leur pouvoir, leur force, leur détermination, la « mode islamique » invite à l'effacement du féminin dans l'espace public, incite à la vie par procuration, à la soumission au joug masculin. Comme toutes les modes, elle révèle une évolution (terrifiante cette fois) de la société. Son expansion n'est-elle pas une preuve supplémentaire du repli religieux et de l'islamisation en cours des démocraties occidentales ?

L'enjeu des femmes est central dans la stratégie de réappropriation des musulmans d'Occident par les intégristes. Elles ne doivent pas se « corrompre » dans la mixité, ni flirter avec la liberté. Pour les atteindre sans les effrayer, les entrepreneurs de cette mode rétrograde ont développé une imagerie marketing compatible avec les préceptes islamiques. Le « muslim life style » et ses « influenceuses » sont attrayants, proches des références du monde de la beauté et de la mode. Les blogueuses mode islamique publient des articles pour apprendre aux jeunes filles à assortir leurs voiles à leurs tenues aux différentes occasions... Les youtubeuses beauté enseignent la manière d'assortir un maquillage à un voile, de positionner celui-ci en fonction des événements, de l'accessoiriser, l'art de s'épiler de manière « halal ». Les photos et vidéos qui illustrent ces blogs et chaînes YouTube montrent des jeunes filles voilées, jolies, chic, souriantes, parfois buvant un verre dans un café branché. On en voit d'autres faisant du skateboard à New York, une boisson Starbucks à la main, en tenues « in » mais avec voile assorti... Feuillette-t-on un magazine *Grazia* ou un *Cosmo* ? C'est l'effet recherché : ne jamais donner l'impression aux jeunes musulmanes qu'elles devront renoncer à ce qu'une majorité d'entre elles connaissent dans les pays occidentaux : la liberté et l'insouciance.

Ces images idylliques distillent l'idée d'un islamisme compatible avec la liberté occidentale. Ce leurre fonctionne puisque les plus jeunes ne parviendront pas à relativiser la « liberté » véhiculée par ces campagnes médiatico-religieuses. Leur premier pas vers une religiosité-étendard se fera d'autant plus facilement qu'il ne nécessitera pas – c'est ce qu'elles montrent – de renoncement brutal et définitif aux parts de coquetterie et de superficialité auxquelles elles sont habituées. Dans cette première étape de réappropriation des musulmanes d'Occident, les islamistes, fort habiles, n'interdisent pas les sorties, la mixité, le maquillage, non, ils permettent des « accommodements raisonnables », décrivent de manière enjolivée les choses. Le voile est présenté comme un accessoire élégant, comme le complément d'une féminité mystérieuse et mystique qui accentue l'attention et l'attrait pour celle qui l'adopte…

Une fois prises dans l'engrenage, les jeunes filles porteront la parole islamo-communautariste au sein de leur famille. Elles encourageront les autres membres à les suivre puis à adopter des comportements plus radicaux. L'émulation néfaste du groupe les fera évoluer vers une pratique rapidement ostentatoire, puis excessive et enfin radicalisée. En visant les plus jeunes, souvent fragiles et en quête d'identité, ce processus touche une population influençable. C'est un embrigadement de la jeunesse, amené avec douceur *via* ce centre d'intérêt qu'est la mode. L'objectif, à terme, demeure identique : transformer ces « fashionistas » en militantes de l'islam politique. En ciblant la jeunesse, notre avenir, les islamistes mettent en péril la possibilité, pour celui-ci, d'être commun.

19

Le « féminisme islamique » est une contrefaçon

Il y a longtemps, en France, les féministes brandissaient leur soutien-gorge en criant : « Mon corps m'appartient. » Ce sous-vêtement était devenu un symbole politique. Aujourd'hui, les « féministes islamiques » font de même avec leur voile et leur burkini, présentés comme les accessoires de leur « liberté vestimentaire ». D'un côté l'émancipation ; de l'autre l'asservissement. Une régression revendiquée au nom d'une liberté à laquelle, pourtant, elles n'auraient absolument pas droit dans les pays qui appliquent la charia. Le féminisme islamique est ni plus ni moins une appropriation perverse du féminisme.

Le féminisme ne connaît pas de religions car les droits des femmes ont précisément été conquis en combattant celles-ci. Faut-il rappeler les batailles pour le divorce, la contraception, l'avortement, luttes au cours desquelles les Églises, au sens large du terme, furent et sont toujours contre ? L'émergence d'un « féminisme islamique » est donc un détournement du féminisme, une contrefaçon, une expression supplémentaire de la manière dont l'islam intégriste s'approprie nos valeurs pour les vampiriser. Dans le lexique des « féministes islamiques », la liberté est instrumentalisée pour promouvoir son opposé, à savoir l'enfermement, la laïcité « de 1905 » revendiquée pour favoriser le prosélytisme, la liberté religieuse portée aux nues pour défendre l'extrémisme, le féminisme lui-même détourné pour normaliser l'asservissement des femmes. Comme le soutien-gorge fut le symbole des manifestations du Mouvement de libération des femmes (MLF) d'antan, le voile est, aujourd'hui, le symbole politique de l'enfermement des femmes.

Chaque voile est comme un petit drapeau islamiste planté fièrement en terre de mécréants. Aujourd'hui, les intégristes ont fait des femmes des combattantes, qui s'exhibent, arrogantes, culpabilisatrices et déterminées. Lorsqu'on s'oppose à leur propagande vestimentaire, elles abattent la carte du chantage victimaire : « En refusant que je porte cette tenue au collège, à l'université, on me prive d'études », « En refusant de me laisser entrer à l'hôpital ainsi vêtue, on m'interdit l'accès aux soins », suivis de « on m'interdit de travailler », « on m'interdit la baignade »... Faire pleurer, susciter la compassion, invoquer la peine, autant de méthodes pour parvenir à faire plier ceux qui n'y voient que des cas isolés et se disent : « Après tout, ce n'est pas grand-chose », « Ce ne sont que quelques cas isolés ».

Une victimisation de la femme musulmane que le CCIF met allègrement en avant dans des communiqués de presse. Ainsi, suite à la décision de la Cour de justice de l'Union européenne (CJUE) du 14 mars 2016, le CCIF estime dans un communiqué que « cette décision apparaît d'autant plus grave dans un contexte où les musulmanes sont déjà discriminées à chaque étape de leur vie, de l'enfance à l'âge adulte, et ce dans tous les aspects de leur quotidien. Hier dans l'éducation[1], aujourd'hui dans le monde du travail ». En revanche, le CCIF ne considéra jamais que le voile, uniquement imposé aux femmes, est en lui-même une discrimination.

Les femmes qui le portent de manière militante, souvent jeunes, sont redoutables car, contrairement aux hommes barbus, elles ne suscitent pas la méfiance, mais plutôt l'apitoiement, voire, chez certains, de l'admiration au prétexte qu'il serait « courageux de porter le voile aujourd'hui » ou qu'elles seraient uniquement « contraintes ». Quand l'individualisme bobo pétri de culpabilité et en quête de « bons sauvages » sur lesquels exercer sa compassion rencontre la logorrhée victimaire de revanchards manipulateurs… le cocktail de la soumission est consommé.

---

1. Ici, c'est la loi de 2004 qui est visée.

20

Les femmes, égéries du chantage victimaire

Ces femmes militantes de l'islamisme, chevaux de Troie qui s'immiscent, discrètement, en victimes, « mères », « jeunes filles », « étudiantes », dans nos institutions – auxquelles elles refusent de s'adapter, qu'elles déstabilisent pour les soumettre –, doivent, selon moi, être démasquées.

N'est-ce pas à cause de leur intransigeance qu'on en arrive à débattre de la longueur d'une jupe, du comportement des médecins aux urgences, de la tenue des fonctionnaires, des maillots de bain ? N'est-ce pas à cause de leurs exigences que l'on perturbe des institutions, que l'on en vient à devoir faire preuve de sévérité là où le bon sens et le respect de l'autre étaient, jusqu'ici, la règle ?

Des femmes médecins, d'origine algérienne, m'ont dit leur agacement face à ces patientes qui refusent de se dévoiler pour un examen médical. Elles m'ont rapporté que certaines justifiaient leur résistance par la volonté de « cacher [leur] beauté », propos auxquels, par provocation et besoin de les ébranler, ces docteurs (musulmanes également) rétorquaient : « Qui t'a dit que tu étais belle ? On t'a menti. T'es loin de ressembler à Sharon Stone. » L'humour, seule arme sous la main, parfois, pour tenter de cacher une profonde révolte, elles qui, étudiantes dans l'Algérie des années noires, avaient subi les menaces quotidiennes des islamistes.

Ces cas ne sont pas isolés. Les situations se multiplient, et ce sont ces femmes médecins musulmanes qui ont honte de voir de tels comportements en France, aujourd'hui. Mais au pays de la laïcité, ce sont elles, qui refusent le communautarisme et l'islam radical, que les « bonnes âmes » aveuglées montrent du doigt. Elles, qui doivent presque s'excuser quand leurs collègues les trouvent « un peu sensibles sur ce sujet… » et « trop fermes sur les principes » sous prétexte qu'il faudrait « s'adapter »…

L'intransigeance est l'une des caractéristiques de l'intégrisme. Ces patientes sont des intégristes et pas de simples « femmes pieuses ». La preuve, même pour leur santé elles refusent de se dévoiler. Si leur islam n'est pas l'islam politique, pourquoi ne font-elles pas comme toutes les autres musulmanes qui avancent dans et vers la vie tête nue et vêtues à la mode actuelle ? Considéreraient-elles que ces dernières, parce qu'elles ne portent pas le voile, seraient d'impures mécréantes ? Ma réponse est que leur vocation n'est en rien d'œuvrer à la paix et à l'apaisement mais au contraire de provoquer sciemment des tensions, de multiplier les incidents afin de pousser la société dans ses retranchements et la voir céder.

Nous devons exiger que chaque bénéficiaire des services publics se conforme à la laïcité et au mode de vie français. Par mode de vie j'entends le respect de la liberté et des droits des femmes, des institutions, de la mixité, d'une façon de s'habiller qui correspond au style du pays. Que chacun, chacune manifeste une neutralité religieuse qui exige que la religion se vive chez soi, dans son intimité, et ne s'impose en rien aux autres. Oui, en France, on ne s'habille pas en djellaba. En France, les femmes ne cachent pas leur visage, leur cou ou leurs cheveux. En France, les hommes ne portent pas des *qamis*. En France, les petites filles ne se voilent pas et ne se baignent pas habillées !

Les belles âmes trouveront mon propos scandaleux. Mais pourquoi ne trouvent-elles rien à redire lorsque, en voyage en Iran, leurs femmes n'emportent pas leurs robes courtes ou, de passage en Arabie Saoudite, leurs hommes renoncent à porter un bermuda « par respect pour le pays » ? Pourquoi, quand ces pays veillent à ce que chaque citoyen et chaque touriste adoptent rigoureusement leurs modes de vie, la France ne pourrait-elle en exiger autant ? Refuser cette réciprocité, c'est prendre le risque, d'ici quelques années, chez nous, de voir une femme en jupe comme une exception, une provocation. Dans certaines zones, c'est déjà le cas.

Je veux que la France, ma France, notre France, soit enfin respectée. Pour cela, il faut qu'elle se fasse respecter. Nous devrions faire signer à tout bénéficiaire du service public un « contrat de nation » composé de devoirs précis, assorti de sanctions détaillées tant la règle est la condition de la liberté et de la cohésion. Or c'est sans doute ce défaut d'autorité, de règles claires et de devoirs qui, hélas, manque à notre pays depuis plus de quarante ans. Comment peut-on tolérer que des bénéficiaires de logements sociaux – financés par la solidarité nationale – arborent des tenues salafistes sans courir le risque de perdre leur logement ? Comment comprendre cette tolérance et cette générosité envers ceux qui rejettent et ne veulent rien d'autre que piétiner et détruire la République et la France qui leur donnent tant ?

Alors que le « dark-vadorisme » islamiste s'étend toujours plus vite, je souhaite que ce contrat voit rapidement le jour. Il devra, en préambule, rappeler que « la nation ne fait aucune distinction entre le sexe, les origines ethniques, les croyances de ses membres », expliquer que « les lois de la République s'appliquent à tous », que « les règles édictées ne peuvent connaître ni accommodements, ni aménagements, ni exceptions », que « la

République est une et indivisible, et considère par conséquent que chaque personne est tenue de respecter ses principes fondateurs, ses valeurs, ses lois et son mode de vie dont la neutralité religieuse dans l'espace public ». Ce contrat devra être appliqué partout : dans les entreprises privées et publiques, dans les écoles publiques et privées (même hors contrat), dans les logements sociaux, dans les crèches publiques et privées, les associations, les services publics (pour les usagers comme les employés), et sur l'ensemble de l'espace public, sans exception. Agissons enfin !

La France déclenchera sans doute, alors, un sursaut européen incitant à lutter contre ce fascisme islamiste qui monte et nourrit l'autre, celui qui a fait des millions de morts en Europe il y a moins de soixante-dix ans. Alors que l'islamisme avance, la civilisation européenne se meurt de paralysie morale, de doutes hérités d'une culpabilité savamment entretenue, du silence qu'elle affiche face à cette nouvelle barbarie qui désire effacer l'âme européenne. Là est sans doute la faute la plus grave de l'Occident : qui ne dit mot consent ! Des silences qui sont autant d'« autorisations à poursuivre » les funèbres projets des fanatiques. En voulant éviter cette guerre nécessaire au nom de la civilisation et pour les Lumières, certains de nos dirigeants nous précipitent dans les bras de deux fascismes frères : le vert et le brun.

J'ai un devoir d'optimisme mais, à l'épreuve de la réalité, il me devient difficile, parfois, de l'honorer. Le processus d'islamisation des quartiers peut devenir irréversible si l'inertie des pouvoirs publics perdure. Or, en dépit des alertes, venues de tous bords et de toutes confessions, il semble qu'une majorité de nos décideurs ne veuille pas sortir du chemin de la défaite et du déshonneur qui risque de conduire la France au suicide. Naïveté, indifférence, déconnexion, couardise ou complaisance ? S'il ne se dessille pas, l'œil occidental finira par s'habituer, en arrivera à céder et à intégrer les codes et le mode de vie des islamistes. À ce sujet, la génération qui vient m'inquiète. Une partie de ses membres est nourrie au sein de l'islamisme et de la revanche, l'autre au multiculturalisme et à la culpabilité au point de tout accepter sans rien voir ni comprendre. Et ces derniers, sans pédagogie leur ouvrant les yeux, sans reprise en main culturelle et idéologique, feront à coup sûr la courte échelle aux premiers pour transformer durablement et profondément notre pays. Cela se dessine déjà.

21

Les enfants, nouvelles victimes de l'islamisme

La naissance d'une petite fille dans certaines familles musulmanes en France et à l'étranger est, malheureusement, encore mal vécue. On la considère comme un mauvais présage, une épreuve, voire une punition. D'où naît cette vision des choses ? Elle prend sa source dans le Livre sacré. « Lorsqu'on annonce à l'un d'eux la naissance d'une fille, son visage s'assombrit, il suffoque, il se tient à l'écart, loin des gens, à cause du malheur qui lui a été annoncé, dit-il. Va-t-il conserver cet enfant malgré sa honte, ou bien s'enfuira-t-il dans la poussière ? » (XVI. 58 « Les abeilles »).

L'islamisme a presque réussi sa reconquête d'une partie des femmes musulmanes d'Occident et la multiplication des voiles le prouve. Ses membres investissent sur l'avenir en phagocytant les enfants. Le voile de la honte s'abat désormais sur les petites filles, certaines d'abord affublées du simple foulard, d'autres de jilbeb ou de niqab. On en a vu le porter dès l'âge de six ans. Derrière cette mainmise, l'obscurantisme veut contrôler l'enfance pour préserver la prospérité de son dogme et assurer son expansion. Alors que j'avais observé ce phénomène à Londres et aux Pays-Bas il y a quelques années, depuis deux ans je rencontre de plus en plus de fillettes ainsi voilées chez nous. Quant aux sites de vente de tenues islamiques pour enfants, ils se multiplient, le jilbeb (version sarouel ou jupe) est disponible en taille six ans et vendu 15 euros… À destination des plus jeunes, il y a des abayas en taille un an vendus 17,50 euros sur nabira.fr, spécialisé dans les vêtements islamiques.

On le voit, ces vêtements qui couvrent intégralement le corps, le cou, les mains, le front et la chevelure (seuls la bouche, le nez, les joues et les yeux restent visibles) sont commercialisés en toute impunité. N'est-ce pas la preuve que la perversion des islamistes n'a aucune limite ? En voilant intégralement de très jeunes enfants, ils sexualisent une nouvelle fois le corps, des fillettes ici, eux qui estiment qu'il faut cacher une femme en raison de son pouvoir érotique. Ceux qui ne cèdent pas à la politique de l'autruche les auront déjà croisés, en ville, au centre commercial, à la plage, dans les squares… Que peut-on répondre aux petites filles qui demandent pourquoi d'autres doivent se couvrir la tête, le cou et parfois l'ensemble du corps ? N'est-ce pas dramatique de devoir expliquer à des enfants qu'il s'agit de la dérive extrémiste d'une religion, mais aussi d'une atteinte à la liberté, à l'enfance même ? Comment se taire face au spectacle dégradant de fillettes emprisonnées dans ce voile intégral ? Ne nous trompons pas, ces vêtements ne relèvent ni de la liberté religieuse, ni de la tradition, ni de la « liberté vestimentaire », mais purement et simplement du fanatisme et de la maltraitance.

La stratégie d'embrigadement des mineurs se complète, au-delà des tenues, par la multiplication des lieux de rencontres, de jeux et d'éducation islamistes.

Un microcosme islamiste, souvent convivial et solidaire, s'est en effet peu à peu construit dans le but de baliser le parcours de vie de chaque petit musulman. D'abord on attire les parents musulmans vers des associations d'aides aux devoirs, pour le bien des enfants, leur avenir, leur réussite, pour être avec les copains, et les parents finissent par y inscrire leur progéniture… Ils se disent que c'est mieux que de les voir traîner dans la rue ou devant la télévision.

Ensuite, sont recommandés des sites ou chaînes d'éducation présentés comme permettant de garder un lien avec la culture d'origine, « les racines »… On y voit des enfants chanter des sourates habillés en « petits musulmans » pour les garçons et des filles très jeunes en jilbeb ou abaya – il suffit de visionner sur YouTube les chaînes Mustakim TV ou PetitsMusulmans pour le constater. Autant dire que c'est un monde merveilleux pour salafistes. La mainmise s'étend avec les loisirs recommandés, la multiplication de l'offre de distractions halal et de centres de vacances « musulmans », parfois subventionnés par les chèques-vacances des caisses d'allocations familiales… Ou quand la République nourrit ses ennemis !

Heureusement, à ce sujet, on a vu en 2016 un début de prise de conscience. À la suite d'une mobilisation importante, la Caisse nationale d'allocations familiales a retiré son financement au séjour de l'association Vacances Éthiques qui devait avoir lieu du 21 au 28 août dans les Hautes-Alpes parce que son invité d'honneur était l'imam controversé Aami Hassen Bounamcha, dont la mosquée d'Aubervilliers est fréquentée par des salafistes !

Toujours est-il que, durant des séjours de ce genre, les filles et les garçons sont séparés, les repas halal, les femmes et les filles en jilbeb et les conférenciers des imams rigoristes connus pour leurs propos misogynes, anti-France, antisémites, homophobes. L'embrigadement sournois se déploie, le piège se referme petit à petit…

Dans le cadre de ces associations d'entraide sous la houlette des islamistes, les célébrations sont également contrôlées, tant les « nouveaux amis » des familles prises dans l'engrenage conseillent régulièrement, sur tous les plans, la vie de chacun. De fait, dans certains quartiers, il n'est plus de bon ton de célébrer Noël, car c'est « haram », une fête de « kouffars », une « compromission », une « trahison des origines » même. À mon époque pourtant, enfants comme parents, qu'importe leur confession, étaient heureux et impatients de se retrouver pour fêter Noël en famille.

Les jouets sont eux aussi contrôlés. Ainsi il ne faut pas laisser entre les mains d'une petite fille d'« impudiques poupées » comme cette dévergondée de Barbie ! La poupée idéale devra être voilée et réciter le Coran, comme le fait celle baptisée Chifa sur le site marchand easydin.com, spécialisé dans les jouets, mode et loisirs pour « Petit Muslim » et « Petite Muslima ». On y trouve également la poupée Hannah présentée en ces termes : « commerce équitable, peau foncée, cheveux noirs et sans visage, respectant l'éthique de l'islam ». Pour le garçon, il existe des jeux de connaissance autour de l'islam, du Coran, sans oublier des puzzles l'aidant à « connaître la mosquée al-Aqsa et le dôme du Rocher de Jérusalem ».

Pauvres enfants auxquels on vole l'enfance. Pauvres gamins qu'on prédestine à devenir des zombies récitant les versets d'un seul et unique livre, qui, à terme, deviendra leur prison.

À l'issue de ce travail d'embrigadement, l'ultime saut vers la scission avec la société est la déscolarisation. Si l'instruction est obligatoire en France jusqu'à seize ans, ce n'est pas le cas de la scolarisation. Ainsi des parents, *via* une simple déclaration à la mairie, peuvent déscolariser leurs enfants et déclarer qu'ils seront instruits à domicile. Or, fréquemment, des associations de « soutien scolaire » ou « culturel » prennent le relais de cette instruction à domicile.

Autre option pour les familles radicalisées, l'inscription des enfants dans des écoles hors contrat, peu contrôlées, où ils ne suivront pas un programme régulier mais se verront soumis aux fantaisies créationnistes, à un apprentissage du Coran, de la morale islamique, de la langue arabe, avec séparation entre filles et garçons et, évidemment, port du voile recommandé. Au sein de ces établissements aux programmes libres prend naissance le péril qui risque d'ébranler notre cohésion nationale : dans de telles classes, ce n'est ni l'amour de la France, ni la fierté d'être français, ni le respect de la République qui sont transmis.

Je suis pessimiste quant à un possible avenir commun. L'intégration est déjà un échec patent pour une partie des élèves de l'école républicaine… Qu'en sera-t-il pour ceux des écoles coraniques ? Des « territoires perdus de la République » devrons-nous passer aux territoires « cédés » par la République, afin d'éviter une guerre civile ? Une chose me paraît sûre : les établissements musulmans hors contrat (comme ceux des autres religions à vrai dire, tant une certaine radicalisation voit le jour partout) doivent faire l'objet d'un contrôle assidu et rigoureux. L'une des mesures susceptibles d'endiguer leur expansion serait la scolarisation obligatoire jusqu'à seize ans, mais également un contrôle strict des subventions publiques aux associations afin d'éviter de nourrir celles qui œuvrent à notre perte.

Enfin, je crois que la loi doit se dresser dès lors qu'une dérive de l'islam s'installe en nouvelle provocation à l'encontre de nos principes fondateurs. Je souhaite ainsi un texte qui interdise le port du voile par les petites filles et que celui-ci soit sanctionné d'une amende de 3 000 euros (et non les ridicules 150 euros votés en 2010 contre la dissimulation du visage, dans la loi contre la burqa). Une amende qui ne devra pas être payée par un tiers, comme cela est permis avec la même loi de 2010. Cette possibilité offre une opportunité de buzz à Rachid Nekkaz chaque fois qu'il règle l'amende d'une dégénérée islamisée. Au-delà de la provocation médiatique, c'est une humiliation pour la France, ses autorités et ses institutions.

L'enfermement vestimentaire des petites filles est un crime contre l'enfance qu'il convient d'empêcher. L'embrigadement d'une partie de la jeunesse musulmane est une grenade dégoupillée qu'il est urgent de désamorcer. « Le courage, c'est comme la mitraille, cela s'entretient », disait Malraux. Après plus de trois décennies de lâchetés, de renoncements, d'« accommodements raisonnables », de relativisme culturel, force est de constater que rares sont les dirigeants qui ont su entretenir leur courage. De dénis en louvoiements, beaucoup l'ont perdu. Aujourd'hui, il serait temps que tous le redécouvrent et se réveillent enfin.

Face à cela, une fois encore, ce sont les femmes qui se trouvent en première ligne pour protéger l'enfance, la féminité et l'égalité. Mais ne nous y trompons pas : les musulmanes républicaines ne pourront pas tout et la levée de boucliers, la prise de conscience, la lutte quotidienne contre ces retours au passé et ces coups de boutoir contre les sociétés occidentales ne les concernent pas uniquement. Ce combat est celui de toutes, de tous. Il est celui de la civilisation contre la barbarie, de la justice contre l'ignominie, de l'humanité contre l'obscurantisme. Il en va de notre dignité comme de notre honneur.

Je lutte contre le communautarisme partout, je ne souhaite pas le reconstituer dans cette bataille contre l'islamisme. Les femmes musulmanes éprises de liberté ont le devoir d'enclencher un mouvement de libération de la parole et de résistance civile ; mais la présence de toutes et tous sera indispensable, tant l'islamisme est un danger qui plane sur le monde entier. Pour tous les enfants, pour toutes les femmes, pour tous les démocrates.

Les enfants, nouvelles victimes de l'islamisme

La multiplication des conversions et des radicalisations doit rappeler à tous ceux qui pensent être épargnés que ce fléau peut atteindre n'importe qui.

22

Les femmes mettront l'islamisme en échec

Les islamistes enferment et utilisent les femmes avec une effrayante impunité, voire une grande complaisance. Si les autorités n'ont pas le courage de mettre fin à cette évolution afin de faire triompher notre modèle culturel – fondé sur l'égalité homme-femme et la laïcité –, alors nous devrons agir chacun à notre échelle. Des associations de terrain telles que Femmes sans voile à Aubervilliers ou La Brigade des mères de Sevran – auxquelles je rends hommage – s'efforcent de s'opposer aux fondamentalistes. Mais je suis désespérée de constater qu'en France ce sont des citoyennes, souvent d'origine étrangère, qui prennent à bras-le-corps ces problèmes alors que nombre d'élus de la République préfèrent botter en touche en mettant en place de vagues comités Théodule.

Un tel désengagement laisse prospérer l'islamisme. La résistance de citoyennes courageuses est importante localement, pour tenter de protéger les plus jeunes de la radicalisation. Leur engagement est salutaire, mais sa portée ne peut être que limitée. La paralysie des dirigeants anéantit ce travail de fourmi opiniâtre. Si chaque défenseur de la laïcité et du féminisme universel est une lumière au milieu de l'obscurantisme qui règne dans les banlieues, si des voix se lèvent pour réveiller la France, la Belgique, l'Allemagne, les Pays-Bas, le Royaume-Uni, trop souvent elles se sentent (et sont) trahies par le manque de volonté politique. Elles font face et se battent seules, les hommes ayant déserté. Ainsi les familles monoparentales sont de plus en plus nombreuses dans les quartiers populaires. Aux premières difficultés dans l'éducation des enfants, beaucoup de maris, de pères s'éloignent, se désengagent, et parfois repartent « au pays », laissant les mères se débattre avec des enfants qui ne les écoutent plus vraiment.

L'Occident, pour gagner sa guerre culturelle contre l'islamisme, doit avoir les femmes de son côté. Elles seront les hussardes de la liberté. Contrairement à ce que certains imaginent, elles n'envisagent pas de vivre en France « comme au bled », non, elles veulent pouvoir jouir des mêmes droits que les autres femmes. La liberté et l'égalité pour toutes !

Quelle femme ne rêverait de vivre sans que son corps soit présenté comme un péché ?

Quelle femme ne rêverait de vivre libre de ses allées et venues ?

Quelle femme ne rêverait de vivre sans supporter un chaperon masculin qui scrute ses moindres faits et gestes ?

Quelle femme ne rêverait de pouvoir se soigner, voyager, aimer, étudier, essayer, se tromper, sans que cela l'expose à la violence familiale ou au bannissement ?

La génération de ma mère est farouchement féministe. La mienne et celle qui vient sont *a contrario* gangrenées par la tolérance de l'intolérable et l'individualisme. L'esprit critique ne s'exerce plus. Les plus jeunes pensent en Narcisse. Rares sont celles qui perçoivent combien le « relativisme culturel » engendre de reculs pour leurs droits, préférant réfléchir en fonction de l'image qu'elles renverront d'elles-mêmes. À croire que leurs opinions se forgent face au miroir… Miroir, suis-je dans le camp de celles qui pensent bien ? Miroir, diront-elles que je suis « ouverte », « tolérante » et « moderne » ? Tant pis si, par cet égoïsme et cet aveuglement, elles enfoncent un couteau dans le dos des autres jeunes femmes qui, en Europe et dans le monde, vivent sous le joug de l'islamisme. Tant pis pour celles qui, à l'étranger, voient leur existence transformée en emprisonnement perpétuel, en détention à domicile, placées à la merci et au service de la volonté masculine. Tant pis.

Elles s'offusqueront, bien sûr, lorsque des drames se produiront, comme celui de cette jeune

Afghane de trente ans prise à partie, car elle faisait seule ses courses alors que son mari travaillait en Iran[1], par une bande d'hommes armés en décembre 2016, qui fut frappée avant d'être décapitée… mais vite elles oublieront. Ou penseront : « Cela ne m'arrivera jamais. » Elles seront révoltées un temps, mais ne feront pas le lien avec ce fameux relativisme qui fait le jeu des talibans, de là-bas comme d'ici. Elles ne verront pas non plus le lien entre la piètre condition des femmes là où l'islamisme a triomphé et ce qui pourrait advenir chez nous si nous ne mettons pas un terme à son expansion. Non elles s'y refusent, tenant pour acquis nos droits. Or c'est précisément là que le drame se profile.

La génération de ma mère se redresse dès qu'on ose toucher à ses droits. « Le voile est une violence et une discrimination, même lorsqu'il est porté avec le sourire », clament les femmes qui, chacune à son niveau, ont lutté pour plus de liberté. Pourquoi cette réaction épidermique ? Parce qu'elles savent ce qu'est une vie sans droits, sans choix ni autonomie. Vivre sous le contrôle permanent de l'homme, du père, du frère, du cousin, du fils, n'est pas vivre. Elles savent que l'Europe est une

1. Rappelons que le régime des talibans, comme tous les pays encadrés par les lois islamiques, interdit aux femmes de quitter leur domicile sans un homme.

oasis de liberté pour les femmes, un havre de paix pour les musulmanes. Elles sont meurtries de voir cette oasis gagnée par l'aridité de l'islamisme. Ne voulant pas reculer, elles luttent et mettent en garde, n'oubliant jamais celles qui n'ont pas survécu. Leurs cœurs saignent quand elles voient des jeunes filles en appeler à la liberté pour prôner l'enfermement. Elles se désespèrent lorsqu'elles voient les plus jeunes honnir la France et s'enrubanner du linceul de l'ignominie. Après tant de combats chèrement payés, elles pensaient que leurs héritières chériraient la liberté dont elles avaient tant rêvé mais, dépitées, assistent au mépris de leurs sacrifices et de leurs souffrances.

Elles sont révoltées en découvrant les militantes de l'islamisme d'en haut organiser dans le temple du savoir et de l'élite française qu'est Sciences-Po un « Hijab Day », elles qui n'ont pas eu la chance d'étudier. Pour beaucoup, l'université était un luxe réservé aux enfants de la bourgeoisie et aux garçons. Grâce à la République, leurs filles y ont accès… Mais que ces dernières n'hésitent pas à les trahir en retournant le savoir acquis pour ébranler la République et s'associer aux bourreaux des femmes leur paraît invraisemblable. Ces jeunes filles, si charmantes et souriantes, en agissant ainsi foulent aux pieds le combat de leurs aînées et le souvenir de celles tombées en refusant de se soumettre au diktat des islamistes.

J'ai évoqué l'assassinat de la militante féministe Nabila Djahnine en Algérie ; c'était en 1994. Une autre résistante, symbole des femmes qui se sont dressées face aux intégristes, a payé son engagement de sa vie, la jeune Amel Zenoune. Elle avait vingt-deux ans, n'avait rien cédé et a dignement fait face quand les terroristes de ce pays ont arrêté le car dans lequel elle se trouvait. Le 26 janvier 1997, elle revenait de l'université d'Alger et avait bravé les interdits instaurés par les islamistes : pas de fille en ces lieux, le voile pour toutes. Les assassins sont entrés dans le bus, n'ont pas cherché d'autres passagers car une seule cible les intéressait : Amel Zenoune. Ils l'ont sortie du véhicule et l'ont égorgée devant les autres passagers. Pour l'exemple. Pour avertir celles qui continueraient à aller étudier et à refuser de se voiler. Amel Zenoune, comme Nabila Djahnine, est partie en résistante. Nous ne devons jamais l'oublier. Son courage doit être le nôtre.

Quand je raconte le calvaire enduré par Amel Zenoune à des filles islamisées, je suis sidérée de constater que l'évocation même de cet assassinat ne suscite en elles aucun sentiment de révolte. Pas la moindre émotion. L'histoire ne déclenche rien chez les militantes du hijab. Rien, si ce n'est des yeux qui se lèvent au ciel et un simple : « Ça n'a rien à voir » ou, pire, le sempiternel : « Encore un mensonge pour salir les musulmans. » J'ai beau scruter, je ne découvre sur leur visage, dans leur regard, ni signe d'effroi ni condamnation, pas l'ombre d'un commencement de doute. Abasourdie par l'absence d'humanité et de compassion de ces fausses bigotes, glacée, j'ai envie de leur crier de quitter notre chère France pour nous laisser vivre en liberté, sans subir la présence oppressante de leur obscurantisme militant. « Partez ! Nous ne voulons plus voir vos silhouettes sombres et vos prisons de tissus. Allez donc vivre loin des démocraties que vous rejetez et laissez-nous jouir sereinement de nos libertés ! »

Amel Zenoune n'avait pas besoin de voile pour être pudique, digne et courageuse. Elle est un exemple pour nous toutes. Son sacrifice ne doit pas se perdre dans l'Histoire. Elle est partie pour sauver les autres femmes. Son souvenir m'oblige, nous oblige. J'aimerais que son histoire soit enseignée dans les écoles. Mais je sais qu'une pluie d'invectives et de mépris tomberait sur moi. Ne serait-ce pourtant pas la meilleure illustration des abjections dont les islamistes sont capables envers les femmes, eux qui commencent par les voiler pour préserver leur « honneur » et finissent par les décapiter au nom de ce même « honneur » ? Les plus jeunes finiront-elles par le comprendre ? Évoquer Amel n'est-il pas le meilleur exemple pour contrer la propagande islamiste des jeunes et jolies ambassadrices de la normalisation du voile que les émissions politiques aiment tant inviter ?

Je ne suis pas une grande adepte de la « journée de la femme », souvent accaparée par des revendications de petites bourgeoises désœuvrées. « Il y a un manque de femmes dans les conseils d'administration des grandes entreprises ! » y entend-on. Certes, mais la belle affaire ! Qui cela concerne-t-il ? Il existe des différences salariales entre les hommes et les femmes, effectivement ; elles sont même de l'ordre de 7 % à compétences, expériences, diplômes et postes égaux. De nombreuses études ont démontré que les femmes souffraient de ne pas suffisamment négocier leurs salaires d'entrée et de ne pas demander autant d'augmentations que leurs collègues masculins… là est sans doute l'un des leviers de la réduction des inégalités salariales.

Souvent, le 8 mars, j'ai l'impression d'entendre toujours les mêmes discours et les mêmes chiffres… Cette journée est devenue au fil des années l'occasion d'une belle séquence de com' pour les politiques. Parfois, on découvre aussi le nom d'une ministre des Droits des femmes restée silencieuse tout le reste de l'année. Mais aujourd'hui, face à l'islamisme, premier péril pour les femmes, je souhaiterais que cette journée internationale soit dédiée aux femmes musulmanes qui, à ce jour, vivent encore majoritairement prisonnières de l'archaïsme religieux, otages du patriarcat, victimes du machisme traditionnel.

Je rêve d'un mouvement international dont les femmes musulmanes, partout, se saisiraient. Je souhaite voir le 8 mars devenir la « journée du rejet du voile » par elles. Ce geste, cet acte fondateur, traduirait une révolution féminine, une libération de l'asservissement. Une révolution par les femmes, pour les femmes, celle d'un féminisme universel que les pays musulmans jusque-là n'ont pas encore connu.

« Ma liberté ? Je m'en charge ! » « Mon corps m'appartient. » « Ni inférieur ni complémentaire, ÉGAL ! » « Pudique si je veux ! » « Mon honneur est mon affaire. » Je rêve de cette révolte, dernier combat véritablement féministe. Je pense à ces jeunes femmes qui, en Arabie Saoudite, ont le courage d'affronter la police des mœurs d'une monarchie obstinée à rester figée dans le passé, à rebours de l'Histoire, où l'enfermement des femmes est gravé dans le marbre de lois rétrogrades. Je pense à Malak al-Shehri, âgée d'une vingtaine d'années, emprisonnée le 12 décembre 2016 (après avoir provoqué des réactions d'une violence inouïe) car elle avait osé poster sur les réseaux sociaux une photo d'elle dans la rue : cheveux noir de jais, lunettes de soleil, robe longue et trench, donc sans abaya, ni hijab. Elle souhaitait dénoncer la condition des femmes en Arabie

Saoudite, qui s'apparente à de l'esclavagisme, mais pour ce simple cliché certains internautes ont réclamé sa condamnation à mort !

Je pense aujourd'hui à ces Saoudiennes, à ces Afghanes, ces Pakistanaises, ces Égyptiennes, ces Maliennes, ces Algériennes… qui luttent. Elles sont l'avenir du féminisme, la poursuite du combat pour l'émancipation. Elles se battent et rêvent de quitter enfin la vie d'esclave dépendant du bon vouloir de l'homme, maître de leurs mouvements, de leur santé, de leur vie. Je pense à elles et je condamne celles qui, ici, en France, en Occident, tentent de nous enfumer avec les antinomiques « liberté de se voiler » et « féminisme islamique ». Le sursaut viendra des femmes et de leur capacité à rejeter ce voile, drapeau de l'asservissement.

Cinquième partie

L'urgence d'une réforme

23

L'inévitable schisme

Les possibles « interprétations » du Coran sont à l'origine de dérives de l'islam vers l'islamisme. Chacun peut justifier sa pratique et sa vision de l'islam par des passages du texte sacré, le barbare comme le sage. Et c'est bien là le problème, la source du malheur des musulmans. Cette mécanique est pour le moment irréversible. Elle traduit le schisme entre ceux qui voient dans le Coran une morale individuelle et ceux qui le considèrent comme le socle d'un islam de conquête.

Le monde musulman va devoir connaître cet inévitable schisme. D'un côté, il y aura ceux qui se sentent musulmans avant tout, faisant du Coran un code de lois, un projet politique hégémonique, membres de cette *oumma* en croisade. De l'autre, ceux qui se sentent d'abord citoyens aspirant à vivre leur religion comme une spiritualité individuelle, intime, attachés à la démocratie, la liberté, l'égalité, la tolérance et le progrès. Le monde musulman va se scinder en deux et le silence serait – sera – le pire des positionnements.

Les musulmans sont à la croisée des chemins. Deux conceptions de l'islam trouvent leurs sources dans le Coran, ses sourates et ses hadiths. La pacifiste s'appuie sur lui comme la violente et conquérante. Celle de l'amour comme celle de la haine. Celle de la tolérance comme celle de l'ignominie. Celle de la lumière comme celle de l'obscurité. Choisir, c'est renoncer : aussi est-il grand temps de renoncer à la partie guerrière, haineuse, intolérante de l'islam.

Face à ces deux lectures et visions d'une même religion, sonne donc l'heure de la prise de décision. La religion musulmane en Europe ne peut plus tolérer l'islamisme et sa lecture littérale du texte sacré. Les haines en tout genre doivent être dénoncées et leurs sources écrites condamnées par les autorités religieuses. Sans cela, les musulmans se verront à jamais mis au ban des démocraties. Le devoir des « éclairés » est de montrer du doigt les éléments rétrogrades, les comportements provocateurs et de, sans cesse, les stigmatiser et les condamner. C'est une résistance nécessaire que les actes des fondamentalistes imposent. Les attentats perpétrés au nom d'« Allah », qui tuent sans distinction, exigent un sursaut. Lequel doit venir des musulmans d'Europe, citoyens conscients et avertis qui accepteront, avec humilité, de reconnaître avoir leur part de responsabilité. Trouvons le courage de la clairvoyance et faisons preuve de rigueur face à l'immense travail d'adaptation de l'islam qu'il est urgent d'entreprendre. Détourner le regard n'est plus permis.

Après *Charlie*, j'ai appelé les Français de confession musulmane à manifester. Ce qui m'a valu un flux interminable d'insultes et de menaces[1], de violence et de haine des islamo-communautaristes. Pour les autres, le silence a été la réponse, ils ont été une majorité à regarder ailleurs, se contentant du fameux « Ça n'a rien à voir avec l'islam ». Le déni leur servait de ligne de conduite. Or, par cette attitude, ils n'ont pas compris qu'ils se joignaient à la France de Kouachi et de Coulibaly.

Les agressions verbales et écrites, le harcèlement sont devenus malheureusement mon quotidien, mais je ne suis pas la seule : c'est le lot de tous ceux qui n'ont pas peur d'affronter la réalité et de dénoncer la montée en puissance d'un islam politique qui veut tuer la France et la République. Née musulmane, je ne suis pas pour autant une islamophile béate. Quand il y a de lourdes dérives, de graves provocations, de dangereuses tentatives de déstabilisation des démocraties occidentales, je n'entends pas fermer les yeux, ni me taire.

L'islamisme est en passe de gagner la bataille des idées. Aujourd'hui, il doit être rejeté en bloc,

1. Voir quelques exemples en annexe.

sans demi-mesure. Refuser de le faire, c'est participer à la mort lente de la civilisation occidentale et de l'âme de la France, première cible des islamistes.

24

De l'urgence d'un *rerum novarum* de l'islam en France

Rerum novarum (« Les choses nouvelles ») est une encyclique publiée le 15 mai 1891 par le pape Léon XIII. Elle constitue le texte inaugural de la doctrine sociale de l'Église catholique. Inspirée des réflexions (notamment les travaux de l'union de Fribourg) et des idées des « chrétiens sociaux » pour répondre à la montée de la question sociale. Cette encyclique s'inscrit dans le contexte de la Révolution industrielle et de la naissance du prolétariat ouvrier, victime de nombreuses injustices à l'époque. Elle constitue une mise en phase de la religion catholique avec son époque et les grands changements sociaux de la fin du XIXe siècle, une adaptation aux évolutions démocratiques, une reconnaissance aussi de la République (alors que le clergé était surtout royaliste), comme de la démocratie représentative et des syndicats. Autrement dit, l'enjeu de cette encyclique était, pour l'Église, de prendre en compte les mutations de la société française d'alors afin d'établir un pont entre le spirituel et le temporel.

C'est cet effort de remise en question – fait par les juifs de France au début du XIXe siècle et les catholiques au XXe siècle – que l'islam de France doit, désormais, entreprendre. Certes, la constitution d'une doctrine sociétale en phase avec les exigences républicaines serait facilitée par l'émergence d'un clergé. Une partie de la solution se trouverait dans la création de celui-ci, mais les difficultés liées à la représentation de chaque « communauté » au sein des « musulmans de France » rendent ce projet difficile, voire impossible. « Les musulmans de France » accepteraient-ils un clergé en France ? Lui reconnaîtraient-ils une légitimité ou une force spirituelle ? Je crains, malheureusement, que celui-ci ne soit contesté dès son apparition par ceux-là mêmes qui n'en feraient pas partie, notamment les franges les plus rigoristes et militantes de l'islam politique. Toutefois, une des solutions au problème se trouve là, et il est incontestable que tout doit être mis en œuvre pour favoriser l'émergence d'un « clergé musulman ». D'une manière ou d'une autre, l'islam de France – et plus largement d'Europe – doit entamer une véritable révolution culturelle, et admettre que certaines de ses pratiques ne sont plus en phase avec la société française ni, plus largement, avec les valeurs des démocraties occidentales. Le grand schisme du XXIe siècle résiderait dans cette prise de conscience majeure.

Cet aggiornamento fondamental passera naturellement par l'affirmation sans équivoque de l'égalité homme-femme et, plus largement, par l'affirmation sans détour de la prédominance du civil sur le religieux.

L'impulsion doit venir des musulmans de France eux-mêmes et non d'un encadrement, artificiel et superficiel, par les pouvoirs publics, lequel n'aboutirait à rien, si ce n'est à l'exacerbation des tensions et à une remise en cause de ce qu'est la laïcité. Les différentes tentatives en ce sens l'ont d'ailleurs prouvé : du Conseil français du culte musulman (CFCM) à la Fondation de l'islam de France, les luttes d'influence, les querelles d'ego, les tensions ont fini par rendre inopérante toute organisation censée représenter l'islam. Toutefois, l'urgence de bâtir ce nouvel islam européen demeure, tant les replis identitaires crispent les nations. Il s'agit de débloquer le réflexe communautariste par la modernisation de l'islam et de mettre ce dernier en phase avec la société, avec le XXIe siècle.

Le processus sera évidemment long et n'ira pas sans tension, comme en ont connu et vécu toutes les autres religions du Livre, mais il est indispensable de l'entamer rapidement. La foi est personnelle, elle ne doit jamais heurter la liberté de croire ou de ne pas croire d'autrui ; surtout, elle ne peut être placée au-dessus des principes politiques et philosophiques d'une nation, puisque, dans les démocraties occidentales, le séculier prime sur le spirituel.

Si certains refusent cette évidence, qu'ils aillent poursuivre leur quête spirituelle ailleurs : il existe de nombreux pays où leurs pratiques seront acceptées. Hélas, je suis certaine qu'ils ne partiront pas, tant ils goûtent le confort politique et matériel que les démocraties occidentales offrent, notamment la liberté et la solidarité. Mais ces réticents rétrogrades doivent comprendre qu'en France on ne peut réclamer l'égalité et la fraternité et, en même temps, affirmer la primauté de la religion sur le pacte civil et politique.

La refondation de l'islam doit donc – j'insiste – devenir une priorité pour les musulmans. Elle constituera le signal et la garantie de leur crédibilité comme de leur désir d'assimilation et d'adhésion aux valeurs démocratiques occidentales. C'est ce geste qu'attendent de nous nos compatriotes, eux que les comportements communautaristes et les replis identitaires constatés ces dernières années ne cessent d'inquiéter, au risque de nous condamner à l'isolement de la communauté nationale.

Tant que les musulmans ne comprendront pas qu'ils sont globalement responsables en grande partie de leur propres turpitudes, les choses n'avanceront pas et le fameux « vivre ensemble » reculera. À moins que ce ne soit leur objectif… En tout cas ce n'est pas le mien et je pense que ce n'est pas le cas de nombreux Français de confession musulmane. Nous ne pouvons continuer plus longtemps à nous laisser manipuler par un islam politique dévastateur qui conduira à notre perte. Nous sommes les enfants de la démocratie, de la liberté et du progrès, il faut se réveiller d'urgence, nous ne pouvons pas être les marionnettes d'une religion dévoyée. Nous sommes avant tout des citoyens, libres et éclairés, nous ne pouvons nous laisser enfermer dans la case réductrice du fidèle dénué de sens critique à laquelle l'islam politique veut nous réduire.

25

L'urgence d'un « conclave » musulman

L'islam restera-t-il la seule religion dont les textes sacrés, qui datent de plusieurs siècles, ne peuvent être dépoussiérés, réformés, modernisés ?

Dans quel pays moderne cache-t-on encore les femmes ?

Dans quel pays moderne sont-elles considérées comme des mineures toute leur vie ?

Dans quel pays moderne juge-t-on les homosexuels comme des pervers qui méritent la mort ?

Dans quel pays moderne la lapidation, l'excision, les châtiments corporels sont-ils encore autorisés ?

Dans quel pays moderne estime-t-on que celui qui n'a pas votre religion est un impur qu'il faut taxer ou tuer ?

Dans quel pays moderne pourchasse-t-on ceux qui renoncent à leur religion de naissance ?

Aucun.

L'urgence est donc de faire entrer l'islam dans le XXIe siècle en procédant à une réforme éclairée de celui-ci.

Cette révision passera notamment par la condamnation des textes les plus rétrogrades et le refus du dogme afin de laisser place à la seule spiritualité. Cette épreuve de vérité, et de sincérité, doit s'imposer aux pays et aux autorités musulmans. Nous jugerons ainsi de leur volonté réelle et de leur capacité à se rassembler, à se coordonner, dans une sorte de conclave préfigurateur d'un islam moderne.

Le projet est utopique, j'en conviens. Mais sans utopie, le monde n'aurait connu ni évolution ni révolution. L'abolition de l'esclavagisme, la République, les congés payés, l'égalité, la liberté pour les femmes… étaient, il y a encore peu de temps, des utopies. Grâce aux combats de citoyens épris de justice, d'intellectuels engagés et de politiques passionnés, ils sont devenus des droits réels. Le chantier de la modernisation de l'islam est immense, complexe… Mais il finira par se faire. Sans nul doute, tôt ou tard, cette utopie deviendra réalité.

Ce conclave européen aura également pour mission de contrer l'avancée de l'islam politique qui, à travers le « Conseil européen de la fatwa », réunit des « religieux » (Ghannouchi fait partie des sages) venus du Moyen-Orient et du Maghreb, lesquels légifèrent sur la vie des musulmans d'Europe ! Quand on songe que cet organisme est présidé par Youssef al-Qaradâwî, présentateur de l'émission sur Al Jazeera « La charia ou la vie », qui a, entre autres, déclaré un jour : « Frapper les juifs pour qu'il n'en reste pas un, ils sont l'ennemi de l'islam », qui justifie les attaques kamikazes contre eux comme « une compensation que Dieu donne aux pauvres (les musulmans) contre les riches » (les juifs, Israël et l'Occident), et ce en s'appuyant sur des passages du livre sacré[1]... Idéalement, les autorités européennes devraient d'ailleurs interdire ce « Conseil européen de la fatwa ». À mes yeux, les officines fréristes, telles que l'UOIF – scandaleusement rebaptisée en 2017 « Musulmans de France » –, doivent également être dissoutes et ne plus bénéficier d'abattements fiscaux comme les autres associations !

Le conclave européen que j'appelle de mes vœux doit se réunir de manière urgente. L'appel à sa formation doit venir des musulmans eux-mêmes afin de contrer avec efficacité la montée en puissance de l'islamisme et la mise sous tutelle des musulmans d'Europe que ce dernier espère.

Cette réforme salutaire, qui enclenchera la révolution culturelle, doit faire du respect de la liberté individuelle, de l'esprit critique, de la tolérance, de l'égalité entre les hommes et les femmes, et de la séparation du pouvoir temporel et spirituel les principes fondamentaux qui guideront ce

1. Voir l'émission d'Al Jazeera du 17 juin 2004. Il a aussi, le 30 janvier 2009, évoqué « la punition perpétrée par Hitler contre les juifs », dont la vidéo est disponible sur YouTube. Le 28 janvier 2009, il a appelé à « tuer les juifs, ennemis d'Allah », toujours sur Al Jazeera.

renouveau intellectuel et culturel. Sans l'appropriation de ces valeurs comme guide de l'émancipation, le réveil à la modernité, aux savoirs, à l'éthique, à l'esthétique et à la raison ne pourra avoir lieu. L'Occident a fait sa mue, ce fut une évolution intellectuelle, politique, sociale de plusieurs siècles. Intellectuels, politiques, bourgeoisie éclairée ont contribué à cette mutation. Je souhaite que le monde musulman connaisse un jour cette sécularisation porteuse d'émancipation pour les peuples, de progrès et de croissance. Des recherches théologiques devront mettre en exergue et promouvoir ce qui est paix, amour, tolérance et recherche de savoir dans le texte sacré. Les sourates violentes, misogynes, antisémites, homophobes, rétrogrades et sclérosantes devront être déclarées hérétiques.

Ce conclave devra – en complément des grands principes fondamentaux qui guideront ses réflexions et son action – déclarer de manière ferme que les revendications cultuelles permanentes constituent un élément inacceptable de déstabilisation des sociétés et que la religion doit s'adapter à la démocratie et aux lois des pays dans lesquels vivent ses fidèles. L'affirmation, sans exception, de la prééminence des lois temporelles sur les « lois » spirituelles permettra une avancée sans précédent vers un islam des Lumières, pleinement *de* et *dans* son temps, offrant enfin une image positive et moderne. La condamnation de l'existence de tribunaux islamiques – comme au Royaume-Uni – et un appel à leur fermeture seront une réalisation concrète et rapide de ce conclave.

Mais les religieux en seront-ils capables ? Voici une liste des déclarations qu'il me semble urgent de mettre en place, et qui doivent d'abord avoir une portée européenne… Espérons qu'elle inspirera les pays musulmans et les incitera à entamer cette évolution. Les militants des droits de l'homme, de l'égalité homme-femme, de la liberté, ceux qui luttent chaque jour – parfois au prix de leur vie – dans des pays aux lois inspirées par la charia pourront s'appuyer sur l'islam du XXIe siècle que l'Occident aura aidé à faire naître. Un islam délesté de ce qu'il a de plus rétrograde et honteux, anachronique et cruel. Un islam dans lequel la raison aura triomphé.

Décisions du conclave musulman européen :

— Les femmes sont égales aux hommes en tout point.
— Seules les lois du pouvoir temporel ont force de loi.
— La liberté religieuse est fondamentale. Nul ne peut être persécuté ou rejeté en raison de ses convictions religieuses.
— L'esprit critique et le savoir sont des vertus pour tout musulman.

— La foi est personnelle, se vit dans la sphère privée, elle n'a pas besoin de prosélytisme.
— Le port du voile n'est en rien une obligation. Celui de la burqa, du niqab, du jilbeb est interdit.
— Les fatwas de mort sont annulées.
— Les auteurs de fatwas seront jugés et condamnés.
— La charia et son apologie sont des crimes.
— Les châtiments corporels, dont l'excision et la lapidation, constituent des crimes.
— La polygamie et les mariages forcés sont interdits.
— Le blasphème et l'apostasie ne sont pas des crimes, et ne peuvent être poursuivis car ils font partie de la liberté d'expression et de culte des individus.
— La libre détermination des individus dans leur choix de vie, leurs convictions religieuses, politiques et leurs orientations sexuelles ne peut faire l'objet d'aucune menace, ni persécution.
— Les prêches doivent se faire dans la langue du pays.
— Une prière de remerciement pour ce pays doit ouvrir chaque cérémonie religieuse.

La modernité saura-t-elle s'imposer à l'islam ou l'islam, dans sa lecture radicale, s'imposera-t-il à la modernité ? Telle est la question que doivent trancher les érudits et les imams occidentaux lors de ce conclave destiné à apporter des réponses claires aux musulmans tiraillés par leur déchirure identitaire. Ceux vivant en Europe et en Occident doivent pouvoir bénéficier de références islamiques modernisées compatibles avec un mode de vie occidental. La question de la place de la femme sera un marqueur et un repère essentiel de cette modernisation.

Sixième partie

Devenir patriote

26

Assimilation : la dernière chance

Notre identité culturelle, notre langue, notre mode de vie sont attaqués chaque jour. Or une société qui perd sa culture est une société qui se meurt, un pays qui renie son histoire est un pays qui se déracine, se retrouve sans âme, voué à disparaître. Depuis trop d'années, on constate l'existence d'une véritable fracture sociétale. Une fracture entre une partie de la population et les valeurs de la République, au premier rang desquelles la laïcité, le mérite et le respect de l'autorité de l'État.

Aujourd'hui, en France, on ne respecte plus la police, la gendarmerie, les pompiers (Grenoble, Viry-Châtillon, la Corse la veille de Noël… l'attestent). Dans de nombreuses banlieues, contre eux la violence prédomine. Aujourd'hui, en France, par clientélisme pur, certains élus ont toléré l'intolérable et sacrifié la laïcité.

Aujourd'hui, en France, lorsqu'on chante *La Marseillaise*, on est perçu comme un fasciste dans certains quartiers, zones où sortir un drapeau français même lors des matchs de football durant lesquels l'équipe nationale est engagée passe pour une provocation et déchaîne insultes et agressions.

Aujourd'hui, en France, on ne peut pas enseigner la Shoah et « nos ancêtres les Gaulois » dans certaines écoles de la République parce que des réactions émergent et qu'il ne faut « pas stigmatiser »…

Aujourd'hui, en France, la laïcité est montrée du doigt, coupable idéal, certains osant même la qualifier de discriminante… Elle doit se faire *a minima* – « seulement 1905 », entend-on – afin de ne pas « déranger » la partie trop visible de musulmans qui refusent d'entreprendre le moindre effort pour favoriser la cohésion de la nation. Or, la laïcité est la pierre angulaire de l'identité nationale. Elle doit s'appliquer à tous, sans exception, être l'une des conditions de l'assimilation à la française.

Je crois les musulmans capables de respecter la laïcité et la France. Comme tous les autres croyants. Accorder des « accommodements » au nom de l'islam, accepter le voile qui serait « traditionnel » pourraient s'interpréter de deux manières : la première reviendrait à considérer les musulmans incapables de s'adapter et d'évoluer, ce qui, au final, signifierait une laïcité trop subtile pour leur être accessible. La seconde interpréterait l'islam comme une religion si pure et indépassable que ses fidèles devraient la faire passer avant nos lois, nos principes, nos us et coutumes. Ce serait, indirectement, lui reconnaître une forme de supériorité sur les autres religions, qui, elles, se sont adaptées à la laïcité.

Évidemment, la première interprétation relèverait d'une forme de racisme. Un racisme culturel fait d'une condescendance arborant hypocritement le masque de la bienveillance. La seconde interprétation relèverait de l'acceptation de tout, de la soumission à tout.

Les deux sont indigentes. Dans un esprit républicain soucieux d'équité et de justice, la règle doit être la même pour tous. Sans exception. Les musulmans, comme les autres, ont le devoir de s'adapter à la République, à la neutralité et à la discrétion dans l'expression de leurs convictions religieuses qu'implique la laïcité, pilier de notre culture politique.

Oui, moi qui suis née en Algérie et suis devenue française, j'ai plaisir à m'inscrire dans l'idéal commun qu'est notre République. La France est une famille ; aussi pour la rassembler, au-delà de nos différences, origines et croyances, nous avons besoin d'un imaginaire que tous ses enfants peuvent partager, lequel passe, aussi, par « nos ancêtres les Gaulois ». L'objectif est de favoriser la cohésion nationale, non la recherche de la réalité historique ou ethnique de chacun.

La République est un « acte de confiance », disait Jaurès. Un acte de confiance entre les citoyens et l'État. Aujourd'hui, cette confiance est rompue dans de nombreux territoires... Ce n'est pas d'un apartheid social dont souffrent les banlieues mais d'un apartheid républicain où elles se sont enfoncées elles-mêmes, souvent poussées par les islamistes et des élus faibles moralement et électoralement corrompus. Déjà, on l'a vu, la République n'existe plus dans certains quartiers français. Alors si rien ne change, l'unité républicaine implosera, à partir des banlieues, et la division se répandra comme une tache d'huile sur le territoire jusqu'à l'avènement d'une société communautarisée violente et obscurantiste. Un séparatisme religieux qui mènera sans doute à l'émergence d'un État dans l'État.

27

Un enjeu européen

L'islam et l'assimilation des populations issues de pays musulmans sont un enjeu majeur des pays européens. La montée en puissance des partis populistes dans différents États, comme l'UKIP en Grande-Bretagne, l'AfD en Allemagne, le M5S en Italie - qui a conquis Turin et Rome -, évidemment le Front national en France, est un signal envoyé par les électeurs aux dirigeants pour exiger des réponses et des actes. Mais, comme trop souvent, la peur des procès en racisme et en islamophobie paralyse une majorité des acteurs de la classe politique de ces pays, comme du nôtre. L'angélisme et la volonté de se valoriser en considérant les populations issues de l'immigration comme uniquement des laissées-pour-compte, des victimes ghettoïsées incapables de s'adapter à un mode culturel, sont une grave erreur d'appréciation qui a conduit à l'état inquiétant que nous connaissons aujourd'hui. Combien de massacres terroristes faudra-t-il avant de voir véritablement nos élus ouvrir les yeux et entamer un combat identitaire, culturel et philosophique au nom de nos valeurs politiques, héritées des Lumières ?

Les musulmans représentent 23,3 % de la population mondiale. Leur âge moyen est de vingt-trois ans, ce qui en fait la religion la plus jeune du monde[1]. En Europe, la présence de la population musulmane tient à l'Histoire : quelques pays étaient musulmans (Bosnie, Serbie), mais c'est essentiellement la colonisation et la proximité avec les pays arabo-musulmans qui expliquent la présence de 44 millions de musulmans dans l'Union, soit 6 %[2]. L'Europe est loin devant l'Amérique, où les musulmans représentent seulement 0,6 % de la population.

L'enjeu de l'assimilation de l'islam, de son adaptation aux valeurs et au mode de vie de l'Occident se jouera donc bien en Europe. En d'autres termes, son avenir passera forcément par la réalisation de l'islam des Lumières rendu définitivement compatible avec les valeurs de l'Occident. Cet avenir se déterminera en Europe ou ne sera pas.

Longtemps la présence de populations musulmanes n'a été l'objet d'aucune crispation ni de difficultés majeures. Je ne nie pas le racisme auquel certains ont dû et doivent encore faire face ; toutes les populations immigrées l'ont connu : les Polonais, les Espagnols, les Portugais, les Italiens, affublés de sobriquets infamants comme « Polak,

---

1. Donnée du Pew Research Center, Table-Muslim Population by Country, 27 janvier 2011.
2. *Ibid.*

Rital, Portos, métèque... ». Chaque immigré a été victime des clichés, des préjugés, de violence et de rejet. Mais le temps joue son rôle et fait son affaire aux racistes, et ces populations ont fini par s'assimiler. Certes la similitude de croyance religieuse fut un élément facilitateur pour les premières vagues d'immigrés.

Aujourd'hui, alors que cette assimilation était quasiment acquise pour une génération d'immigrés de confession musulmane qui pratiquaient leur foi dans l'intimité et de façon exclusivement spirituelle, et dont les femmes avaient adopté les tenues occidentales..., tout a basculé avec l'arrivée sournoise de l'islam politique, porté par une génération radicalisée.

Le repli identitaire affiché est le marqueur d'un mépris de l'Occident. Ce problème n'est pas que franco-français, il est européen. Il traverse aussi l'Atlantique, puisque, au Québec, les tensions sont à leur comble. Le problème n'est donc pas la seule « laïcité à la française », ou bien encore la « République et sa discrimination institutionnalisée », comme aiment à le dire les détracteurs du pacte républicain. Les pays communautaristes (Belgique, Pays-Bas, Suède, Royaume-Uni...) rencontrent les mêmes difficultés, la même violence (les attentats qui ont frappé Londres et la Belgique l'attestent). Ils ont un point commun : le rejet ostentatoire et systématique par les intégristes des États dans lesquels pourtant ils sont installés. Partout, pays laïc ou communautariste, ceux-ci refusent d'adapter leur façon de vivre, d'atténuer certaines de leurs pratiques jugées contraires aux lois et valeurs de ces terres d'accueil. Un refus qui donne le sentiment que tous les pays doivent se plier à leurs exigences, leurs us et coutumes… sous peine d'être poursuivis pour discrimination ou racisme, et subir la violence.

De fait, est-il normal qu'une justice islamique fondée sur la charia soit rendue au Royaume-Uni par des religieux pakistanais ? Est-il normal que les petites filles soient voilées dans les écoles anglaises et que cela soit « toléré » pour ne pas créer de conflits ethniques ? Non. Or, de telles exigences laissent penser que ces nations ont accepté la soumission aux obscurantistes musulmans. Très fiers de ces victoires, les éléments les plus radicaux se gaussent de la crédulité et de la faiblesse des autorités. Ils se sentent encouragés et légitimes à poursuivre leur entreprise de harcèlement des institutions et des musulmans assimilés, notamment des femmes. La faiblesse des démocraties occidentales et de certains de leurs dirigeants ouvre bel et bien la porte à l'islamisme conquérant et renforce son arrogance.

En France, comble du retournement des choses et de dévoiement des valeurs, certains intégristes n'hésitent pas à donner des leçons de laïcité. Ainsi Amar Lasfar (président de l'UOIF, recteur-imam de la mosquée de Lille Sud), dans l'émission « Bibliothèque Médicis » de Jean-Pierre Elkabbach sur la chaîne Public Sénat, le 26 janvier 2015, déclara avec aplomb : « Nous nous attachons à la laïcité, nous ne demandons aucun amendement », propos qui visait la loi de 2004 interdisant les signes ostentatoires à l'école et celle de 2010 rejetant la burqa. Relancé par Jean-Pierre Elkabbach sur les femmes voilées à l'école, il répondit : « C'est la laïcité qui leur permet de se voiler, c'est la laïcité qui leur permet de se voiler à l'école, même, c'est la loi de 1905. »

Ne nous berçons pas d'illusions : les islamistes sont prêts à signer toutes « les chartes de la laïcité » que l'on voudra car ils ne les craignent en rien. Et pour cause, non coercitives, elles les aident à parfaire leur discours de façade. Ils n'ont aucune estime pour nos institutions, qu'ils aiment tourner en ridicule. Les organisations proches des Frères musulmans ne perdent jamais de vue la devise fondatrice : « Allah est notre but ultime, le Messager est notre exemple et guide, le Coran est notre constitution, le djihad est notre voie, mourir dans le sentier d'Allah est notre plus grand espoir. » Elles avancent habilement les pions de leur entreprise de pourrissement des démocraties. L'implosion est proche si le réveil ne se fait pas.

À nous de le déclencher et de mettre ces individus hors jeu.

Les musulmans sont comme les autres, pas moins bien, ni meilleurs. Citoyens, les exigences en matière religieuse ne peuvent dépasser le pacte républicain partagé par tous les autres Français. Notre identité politique est celle de la République et de la nation française, pas celle d'un Bédouin d'Arabie ou d'ailleurs. L'assimilation est un effort plus grand, certes, mais tellement plus satisfaisant. Elle est la dernière chance, en tant que Français de confession musulmane, d'éviter le pire : à savoir une mise au ban des démocraties modernes bien sûr, mais aussi le déclin de l'identité de la France et de son modèle qui nous a tant fait rêver, nous comme nos parents.

28

Être patriote, c'est aimer son pays avant tout

Comme beaucoup de personnes issues de l'immigration et de confession musulmane, je suis arrivée en France en famille, et mes parents n'avaient rien. Je me souviens de mes chaussures trop grandes pour aller en classe, des paquets rouges de biscuits au chocolat dont je rêvais à l'école mais que maman ne pouvait m'acheter parce que nous manquions d'argent. Plus tard, j'ai appris qu'il s'agissait de biscuits premier prix... Comme beaucoup de ceux ayant fui les barbus islamistes du GIA, frères aînés de Daech et cousins des nouveaux talibans des cités, la pauvreté ne nous a cependant pas empêchés d'être dignes. Elle ne nous a pas empêchés de nous élever.

Comme beaucoup, nous savions que c'était dans l'amour de ce pays que nous devions faire notre vie et que c'était ici que se trouverait notre avenir. Je me souviens d'un oncle qui avait demandé à sa femme de ne plus porter la tenue traditionnelle kabyle en France car, pour lui, cela aurait été perçu comme une marque d'irrespect, la traduction d'une incapacité à vivre en cohérence avec son nouvel environnement. Que nous en sommes loin aujourd'hui. Nous avions le souci de nous fondre dans la nation et c'était cela le début de l'assimilation. Ne faire qu'un avec la population qui nous recevait, comprendre son histoire, parler sa langue, décrypter et adopter ses codes. Une adaptation qui ne nous empêchait pas de nous retrouver autour d'un bon plat traditionnel, de parler, de rire en kabyle à la maison. Le privé et le public, chaque chose était à sa place.

« Pour réussir sa vie, il n'y a pas de recette miracle », estimait ma grand-mère, née en 1903 et qui ne savait ni lire ni écrire, mais un seul conseil à suivre : « Debout, lève-toi avant les autres, travaille plus et ne fréquente pas les idiots. »

Ces efforts, cette modestie, nos remises en question nous ont permis de ne faire qu'un avec la France. Nous avons avancé sans trop de difficultés et nous sommes aujourd'hui installés dans une vie personnelle et professionnelle identique à celle de n'importe quel autre Français. Nous sommes devenus membres à part entière de cette nation. Oui, cela était possible et l'est encore aujourd'hui.

Mais pourquoi certains s'en montrent-ils incapables ? Est-ce seulement la faute de la France ? Certainement pas, je tiens à le redire encore et encore. Le « Jamais responsable, toujours victime de tout » ne peut durer. Victimes – s'ils le sont –, c'est seulement de leur paresse, de leur manque de courage, de leur absence de volonté. Combien de parents de camarades de classe se vantaient d'avoir une « villa au bled » alors qu'ils vivaient en HLM en France !

Mes parents, eux, n'avaient pas de « villa » en Algérie. Ils disaient que jamais ils ne vivraient « dans une cité toute l'année et, deux mois l'été, dans une villa », ajoutant avec bon sens : « Je préfère vous voir vivre dans une jolie maison ici ! » Peu faisaient ce choix à l'époque, beaucoup de parents préférant sacrifier leurs économies pour ces constructions – et la « frime » qu'elles traduisaient – et négligeant l'environnement dans lequel ils élevaient leurs enfants. J'ai souvent entendu dire : « La France je lui lâche rien, je profite à fond. » Propos d'une insupportable provocation qui me donnait envie de bondir. Cette phrase révélait un état d'esprit malheureusement de plus en plus répandu. Comment être apprécié d'un pays pour lequel on n'a aucune considération ? Pourquoi rester en France si on la hait ? Pour le système social ? Quelle attitude misérable et peu digne. La France mérite qu'on l'aime et qu'on la respecte.

Le patriotisme n'est pas une idée d'extrême droite. La pensée dominante, biaisée, adepte du renoncement, a tendance à considérer d'« extrême droite » ce qui se rapproche d'un amour affirmé de son pays. Cela va de *La Marseillaise* à notre drapeau, de nos valeurs, dont la laïcité, à Marianne. Défendre la France comme ses vertus n'est d'aucun parti. Aujourd'hui, une génération de

Français de confession musulmane, élevée au sein de la République, doit porter ce patriotisme car il signifie notre fierté d'être français et de la volonté de s'inscrire dans sa grande histoire.

« Ne vous demandez pas ce que votre pays peut faire pour vous, demandez-vous ce que vous pouvez faire pour votre pays », déclarait John Fitzgerald Kennedy lors de son discours d'investiture du 20 janvier 1961. Je crois que tout ce que je souhaite exprimer dans ce livre est résumé dans cette phrase. En France, il n'existe aucun racisme ni discrimination institutionnalisés à l'endroit des musulmans. Il existe des cas de racisme, mais les musulmans n'en sont pas plus victimes qu'un Antillais catholique ou un Indien bouddhiste. La justice s'occupe de condamner les auteurs de tels actes et de discriminations. Il nous faut donc, maintenant, prendre les rênes de notre destin sans chercher à nous réfugier derrière des paravents. La France est une grande nation qui a toujours accueilli, protégé et récompensé celui qui s'élève par le travail et le courage. Elle ne fait pas de différences entre ses citoyens, immigrés ou non. La société dans laquelle nous vivons, nous les jeunes Français de confession musulmane, est bien moins dure que celle qu'ont connue nos parents et surtout nos grands-parents !

Certains se sentent rejetés par la France, mais ont-ils seulement essayé de l'aimer, de comprendre son histoire, sa culture, ses blessures intimes et ses passions ? Non, rien, ils se sont mis volontairement en posture de rejet juste pour se rassurer au sein d'un groupe de médiocres déboussolés par une vision de la religion dévoyée et un sentiment de revanche coloniale. L'Histoire doit nous permettre d'avancer. Elle ne doit pas être instrumentalisée pour paralyser l'assimilation à la nation française. La France a été une puissance coloniale, certes, mais comme tous les grands pays. Doit-on lui en vouloir à jamais, ressasser éternellement son passé colonial comme une excuse aux échecs ou au manque de patriotisme de certains ?

La terre qui te nourrit devient ton pays. Comme tous ses enfants, nous devons à la France respect et reconnaissance. Inadéquation des diplômes au marché de l'emploi, chômage, difficultés à boucler les fins de mois, insécurité, problèmes de logement, les tracas que nous rencontrons sont les mêmes que ceux endurés par les autres Français. Nous devons faire face ensemble pour relever le pays. C'est le sens même de la République. Par la fraternité, cet autre mot de la solidarité, nous affrontons en commun l'avenir. Cultivons ce qui nous rassemble plus que ce qui nous divise. Aimons passionnément notre pays, la France, et il nous aimera comme ses enfants.

29

Le devoir de résistance aux côtés des autorités

C'est dans une nouvelle forme de résistance que les Français de confession musulmane doivent s'engager. La solution viendra de nous, insistons sur ce point. Notre sursaut évitera le chaos dans lequel les islamistes entendent jeter le pays. Face à l'omerta qui envahit les quartiers et nous rend complices de l'expansion de l'islam politique – tout le monde sait qui se radicalise et qui fait quoi dans ces zones –, il est temps que les langues se délient et que l'État assure une protection réelle des personnes susceptibles d'entrer en résistance.

Oui, c'est bel et bien de résistance qu'il s'agit lorsque notre intégrité, notre morale et notre modèle culturel sont assaillis. La France des admirateurs de Daech est notre ennemie, nous devons chaque jour, en tant que citoyens, la combattre sans relâche : dans les écoles, sur les bancs de la fac, au travail, dans les mosquées et parfois même au sein des familles… N'excusons jamais l'inexcusable au nom d'une prétendue « solidarité » religieuse. Ne nous taisons jamais face aux fanatiques.

La France est le pays de l'ouverture d'esprit, de la tolérance, de la liberté, un pays merveilleux, un pays respecté, un modèle de démocratie. Des qualités qui le conduisent également à sa perte si nous n'y prenons garde, car il verse trop souvent dans l'angélisme et son pardon est parfois trop facile à obtenir. La culture de l'excuse y domine constamment, même face à l'abominable. Ce pays a perdu la mémoire et les réflexes des contrées en guerre. Il n'a pas connu de conflits sur son sol depuis la fin de la guerre d'Algérie en 1962. Les attentats terroristes, aussi forts et meurtriers soient-ils, paraissent s'enchaîner sans qu'il change ses habitudes. Il semble, hélas, que les réflexes pavloviens de l'excuse sociale, de la culpabilité et de l'autoflagellation dominent les esprits, même après les actes les plus terrifiants.

Les douleurs passent sans parvenir à modifier véritablement le mode dominant de pensée. Sans doute d'autres drames achèveront-ils la transition que les barbares nous imposent. Néanmoins, jamais nous ne devons perdre de vue que celle-ci doit se faire en restant foncièrement attachés à nos valeurs.

Les Français de confession musulmane connaissent la réalité des conflits, le danger de l'islam dévoyé, la déstabilisation qu'il apporte et les torrents de malheurs et de drames qu'il déverse. Savoir, les avoir vécus, se taire est la pire des lâchetés. Combien d'Algériens ont fui la décennie noire en venant se réfugier dans l'Hexagone ? Combien de Tunisiens ont fui Ben Ali puis les islamistes et sont arrivés en France ? Combien d'Égyptiens ? Nombre ont quitté leurs pays d'origine parce que la terreur des barbus intégristes s'était abattue sur eux. C'est aujourd'hui notre rôle de contribuer à sauver le pays qui nous a accueillis.

J'écris pour agir. Humblement, à mon niveau, je tente de réveiller les consciences, d'avertir d'un danger présent en voie d'expansion. Je désigne clairement et sans détour les ennemis qui nous menacent et j'appelle tous les Français de confession musulmane au réveil. Je ne suis pas seule, mais j'admets que du renfort serait le bienvenu… Aujourd'hui, c'est à nous tous de nous lever au quotidien contre l'abjection islamiste. À nous de nous dresser, ensemble, contre les pires d'entre nous. Aux Français de confession musulmane de décréter l'intransigeance face au moindre commencement de radicalisation d'enfants, de sœurs, de frères, de voisins.

N'ayons pas peur de dénoncer et de travailler avec les autorités afin de détruire l'islamisme. Nous ne serons pas des « collabos », mais des citoyens dignes qui agissent pour leur pays. La France et la République ont besoin de preuves d'amour et de confiance en chacune de ses composantes : la nôtre, aujourd'hui, passera par la dénonciation de l'islamisme partout où il se trouve, y compris dans les mosquées, y compris dans les familles. C'est la pierre que nous apporterons pour redresser l'édifice républicain qui nous a tant protégés. Il chancelle, cet édifice, car il attend notre contribution face à ceux qui veulent le voir s'effondrer. Relevons Marianne en bannissant les obscurantistes et le nouveau Moyen Âge qu'ils aimeraient imposer ici aussi. La France est le pays de la Lumière, le rôle de chaque génération est d'entretenir cette flamme pour éclairer ceux qui rêvent de liberté. Pour cela un ménage s'impose et nous avons le devoir de le faire. Éveillons les consciences de ceux qui ne parviennent pas à percevoir le danger, disons-leur à quel point il n'y a pas plus heureux qu'un musulman en France ! Pas plus heureux qu'un musulman en Europe. Entrons en résistance active contre l'infâme qui colle à la peau de l'islam. Nous le devons à notre France. C'est aujourd'hui, au pays des droits de l'homme et du citoyen, notre premier devoir.

Épilogue

Trop de sang a coulé au nom d'Allah. Comme beaucoup, j'éprouve colère et désespoir. Je ne reconnais plus la religion de mes parents. Si mes grands-mères étaient encore de ce monde, elles ne la reconnaîtraient pas non plus. L'islam, « religion de paix et tolérance », semble s'éloigner. L'islam de la régression et de la violence s'impose.

La République ne doit plus céder aux pleureuses communautaristes qui veulent la dénaturer. La République doit vivre et, pour cela, s'opposer aux assauts tel un roc. La France fière de ses valeurs et de son histoire doit à nouveau relever la tête et imposer son mode de vie. C'est, aujourd'hui, aux musulmans de donner des gages d'assimilation à la France et à la République.

Vous l'aurez compris tout au long de ce livre engagé et sincère : les Français de confession musulmane, pratiquants ou non, et plus largement les musulmans des démocraties occidentales sont à l'heure du choix fondamental, un choix idéologique, politique et social réel, sans accommodements ni exception. Personne ne peut plus esquiver et se retrancher derrière le « Ça n'a rien à voir avec l'islam » ou « l'excuse sociale ».

« L'exception française » s'inscrit aussi dans son refus d'entrer dans la course à la différence et l'apologie du multiculturalisme qui font le nid du communautarisme. Nous ne devons plus accepter les reculs sur l'égalité entre les hommes et les femmes, la dissimulation de ces dernières dans l'espace public, le port de signes religieux ostentatoires qui traduisent la hiérarchie des valeurs de la personne qui les porte : musulmane avant tout, française après.

La France ne sera plus la France si elle se met à tolérer l'intolérable.

Dès lors, soit les musulmans continuent dans la logique communautariste de l'islam politique et se mettent au ban du progrès et de la modernité en s'isolant de manière irréversible, soit ils font le choix de la République et de la démocratie.

Soit les musulmans laissent le religieux dans l'intimité de leur maison et au cœur des mosquées, soit ils s'excluront volontairement, et durablement, de la communauté nationale.

Soit les musulmans vivent comme les autres, soit ils seront les complices de la montée de l'extrême droite.

En somme, soit les musulmans affirment être français avant d'être musulmans, soit ils se condamnent à la marginalisation et seront les artisans, à court ou moyen terme, d'une guerre civile.

Il est venu le temps de choisir et d'agir. L'État ne peut pas tout. Aucune instance, aucune fondation, aucun observatoire ne fera le travail qu'il revient à chacun d'entamer. Ces indispensables pas vers la République, qui seront parfois vécus comme des sacrifices, devront être effectués dans l'intérêt de tous. Ils seront les preuves d'un attachement sincère à la France.

Les femmes porteront l'indispensable révolution de l'islam et des comportements individuels. Elles, condamnées à cacher ce que Dieu a pourtant créé, et ce au nom d'un « honneur », prétexte à leur enfermement. Elles, condamnées à l'enfermement au nom d'une sacro-sainte « pudeur », subterfuge de leur soumission aux hommes. Elles, premières victimes des obscurantistes, devront se lever pour renverser la table des conservatismes religieux et des traditions archaïques.

Je veux croire que le salut se trouvera dans la volonté des femmes, musulmanes, laïques et républicaines. Elles seront nos Lumières et porteront ce qu'il nous reste de possible avenir en commun. Je ne renoncerai jamais à la liberté d'être française. Je ne renoncerai jamais à l'égalité entre les hommes et les femmes qu'offrent les démocraties occidentales. Non, je ne renoncerai jamais face au joug de l'islamisme, car je ne céderai jamais devant l'ignoble.

Écrasons tous ensemble, enfin, l'infâme.

Annexe

Voici le genre de tweets que je reçois quand je défends la France, la laïcité, les droits des femmes et dénonce le terrorisme islamique, l'islam politique et le communautarisme…

kacem @kacem69 · 3 h
@LydiaGuirous la kabyle à la solde du CRIF,sans vergogne,aigrie,haineuse envers l'islam ,opportuniste qui vendrait sa mère pour réussir

Afficher la conversation

أمل

Suivre

Lydia Guirous c'est le genre de fille à qui on souhaite les caves de la Courneuve

Mehdi ✖

Oh mais découpez moi cette hérétique, qu'on lui retire le droit de respirer pour être poli

Lydia Guirous @LydiaGuirous
Les électeurs de la gauche ont donc majoritairement voté pour la ligne de l'islamo-gauchisme portée par Hamon & Montebourg #PrimairesGauche

24/01/2017 16:19

Sohaib @SohaibWAC_ · 16 h
Je mets un billet sur la tête de celui qui fera taire cette conne de Lydia Guirous

1

Rachid Kebbache 21/11/2014 08:34
Repenties toi avant ton départ vers Allah
Envoyé depuis Messenger

Lydia Guirous @LydiaGuiro · 8m
L'assaillant était fiché S... les terroristes islamistes nous frappent encore en faisant couler larmes et sang. #ChampsElysees
15 43 44

Majiin Nafa
@NafaSarutobi

En réponse à @LydiaGuirous

Et ta mere la pute elle nous a frappé encore plus fort en t'ayant mise au monde. Ferme ta gueule c est pour ton bien.

20/04/2017 22:46

Faïza Zerouala et 6 autres ont ajouté un Tweet dans lequel vous êtes mentionné à leurs favoris 5 min
15 h: Juifs de l'UMP virez @LydiaGuirous qui chauffe les fachos contre musulmans... et vous. Lisez casher au lieu de halal pic.twitter.com/NmTzlwXrr8

Dilan @LettransbewithU · 3 min
@djoun8 @LydiaGuirous pk y'a des fatwa sur tout le monde mais pas sur elle ? J'comprends pas hein
Afficher la conversation

ramdanie @EMIR_GLADIO · 1 min
@lydiaguirous @le_figaro Toujours à gérer ton misérable fond de commerce"Anti-Muzz"? J'espère pour toi que tu as une sérieuse protection!!!

Franck Underwood @anouarimovie · 34 min
Qu'Allah te pourfende et fasse de ton corps un résidu poussiéreux

> **Lydia Guirous** @LydiaGuirous
> Sous ce voile les #Femen ont caché leurs seins.. Mais d'autres auraient pu y cacher une bombe. A quand une interdiction effective? #RAMF2016

Lydia Guirous @Ly... · 23/03/2017
Arrestations à Birmingham,
#Molenbeek anglais.
Le multiculturalisme favorise le communautarisme terreau de radicalisation islamiste #Londres

16 106 91

Sabrina Bamboula
@BriinouBoo

En réponse à @LydiaGuirous
Mdrr c'est une blague?!
Commence par retourner chez toi,
là où tu es née si le
multiculturalisme te gêne tellement
la blédarde 😂😂

Reda CN @Reda750XX · 9 min
Je met un billet sur la tête de celui qui fera taire cette conne de @LydiaGuirous ...

Malcolm Wayne @Jawad3Wayne · 5 h
@LydiaGuirous écrivain pathétique, nul et soumise au sioniste,spécialiste auto proclamé de l'islam radical,bref encore une arnaque

kacem @kacem69 · 21 h
@LydiaGuirous @BFMTV @ruthelkrief @19HRuthElkrief encore une vendue à la solde des sionistes

Adebisi @DeOzJauiAdebisi · 1 h
Toi tes frustré sexuellement tu veux tfaire tourner dans un box à mon avis

> **Lydia Guirous** @LydiaGuirous
> Sous ce voile les #Femen ont caché leurs seins.. Mais d'autres auraient pu y cacher une bombe. A quand une interdiction effective? #RAMF2016

Libre Penseur @John__House · 3 h
@LydiaGuirous
"Je suis musulmane, je pratique" avec ta jupe de pute que tu portais sur m6 ?
#Hypocrite #Harki

Libre Penseur @John__House · 3 h
@LydiaGuirous tu n'a rien de Français donc cesse de sucer la république pour t'integrer harki. (2/2)

Jessim Jessim Jessim 08/04/2016 09:06
Bonjour . Petite pute. Tu et une merde. Tu et raciste. Et tu veux imposer une dictature islamophobe. Je te dit merde en espérant que le malheur sou ton compagnon. sale chienne raciste grosse putin

Savage @zarqawi666 · 8s
Calme toi Lydia trop sucer sa fait mal à la bouche

> **Lydia Guirous** @LydiaGuirous
> Effroi absolu. Un policier tué et un autre blessé. Profonde colère. Soutien à nos policiers qui font face aux barbares. #ChampsElysees

Annexe

Vous et Achraf Ouarghi n'êtes pas connectés sur Facebook
Habite à Nice

Conversation démarrée vendredi

Achraf Ouarghi 08/04/2016 11:08

T'es la plus grosse salope qui existe sur terre. Je respecte plus les tapins que toi espèce de sale pute mal baiser. Tu veux interdire le voile pour faire ta belle et t'intégrer à cette société de mes deux couilles. Le conformisme t'a bien sodomiser et gicler dessus à toi. Espèce de grosse merde tu rabaisse le peuple musulmans et arabe t'a même pas honte tout ça pour te sentir valoriser par ces putains de mécréants. Tu seras juger dans l'al delà t'inquiète tout se paye. Ce monde n'est qu'éphémère, tu brûleras en enfer et je te le souhaite même si c'est sûr vue ce que tu fais. Grosse putain que tu est.

Envoyé depuis Messenger

Benjamin Tallmadge @Incrediblesailor · 13 min
Oual t'as raison met une mini jupe ras la chatte quand tu tferas violer on va bien rigoler sharmoota

Lydia Guirous @LydiaGuirous
#JePorteMaJupeCommeJeVeux J'apporte mon soutien à la principale. Ce n'est que le début des provocations. La #République doit être ferme @ump

musulmandefrance a retweeté un Tweet dans lequel vous êtes mentionné 10 s
6 min: @LydiaGuirous Tu ne condamnes jamais l'industrie du porno pour ton égalité H/F. Tu y travailles non? @laurossignol

Table

Troisième partie
Une indispensable révolution sexuelle

Quatrième partie
Les femmes au cœur de la stratégie
de l'islam politique

Table

Imprimé en France par CPI
en septembre 2017

pour le compte des Éditions Plon
12, Avenue d'Italie 75013 Paris

N° d'impression : 143238
P25950/01